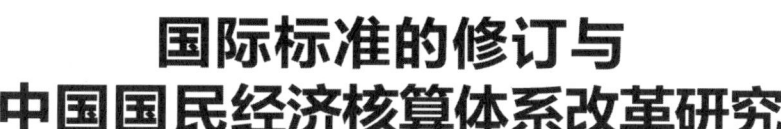

国际标准的修订与
中国国民经济核算体系改革研究

许宪春 主编

图书在版编目(CIP)数据

国际标准的修订与中国国民经济核算体系改革研究/许宪春主编. —北京：北京大学出版社,2014.6

ISBN 978-7-301-24382-4

Ⅰ. ①国… Ⅱ. ①许… Ⅲ. ①国民经济计算体系-国际标准-研究-中国 Ⅳ. ①F222.33

中国版本图书馆 CIP 数据核字(2014)第 129905 号

书　　　名：国际标准的修订与中国国民经济核算体系改革研究
著作责任者：许宪春　主编
责　任　编　辑：李笑男
标　准　书　号：ISBN 978-7-301-24382-4/F·3967
出　版　发　行：北京大学出版社
地　　　址：北京市海淀区成府路 205 号　100871
网　　　址：http://www.pup.cn
电　子　信　箱：em@pup.cn　　　　QQ:552063295
新　浪　微　博：@北京大学出版社　@北京大学出版社经管图书
电　　　话：邮购部 62752015　发行部 62750672　编辑部 62752926
　　　　　　出版部 62754962
印　刷　者：北京中科印刷有限公司
经　销　者：新华书店
　　　　　　730 毫米×1020 毫米　16 开本　12.5 印张　154 千字
　　　　　　2014 年 6 月第 1 版　2014 年 6 月第 1 次印刷
印　　　数：0001—3000 册
定　　　价：45.00 元

未经许可,不得以任何方式复制或抄袭本书之部分或全部内容。
版权所有,侵权必究
举报电话：010-62752024　电子信箱：fd@pup.pku.edu.cn

编 委 会

主 编 许宪春

副主编 彭志龙　陈　杰　吕　峰

编 委 江永宏　韩　丹　魏媛媛　董　森　杜治秀

本书作者

许宪春,国家统计局副局长,高级统计师,兼任中国国民经济核算研究会名誉理事长,中国人民大学国民经济核算研究所名誉主任,北京大学中国国民经济核算与经济增长研究中心常务副主任,北京大学、清华大学、中国人民大学、北京师范大学、厦门大学等多所院校兼职或客座教授,北京大学博士生导师。

陈杰,国家统计局国民经济核算司副处长,统计师,中国投入产出学会常务理事,研究方向为国民经济核算、投入产出分析。

吕峰,国家统计局国民经济核算司副处长,统计师。研究方向为国民经济核算。

江永宏,国家统计局国民经济核算司副处长,统计师。研究方向为国民经济核算。

韩丹,统计师,原在国家统计局国民经济核算司工作,现就职于某信息技术公司。

魏媛媛,统计师,现在国家统计局国民经济核算司工作。研究方向为国民经济核算。

董森,统计师,现在国家统计局国民经济核算司工作。研究方向为国民经济核算。

杜治秀,中国人民大学统计学院博士生。研究方向为国民经济核算、经济计量分析。

序

  一个国家的国民经济核算体系是这个国家国民经济核算工作的标准和规范,它确定国民经济核算的一系列基本概念、基本原则、基本分类、基本框架、基本指标体系和基本核算方法,是反映国民经济运行状况的重要工具。根据这个标准核算出来的一整套相互联系、一体化的国民经济核算数据是经济分析和研究的重要基础,也是经济管理和决策的重要依据。

  为指导和规范世界各国国民经济核算工作,联合国等国际组织制定了国际标准《国民账户体系》(System of National Accounts,SNA),并且为了适应世界经济的不断发展变化,对其进行不定期修订。到目前为止,联合国等国际组织已经先后颁布了四套国际标准,分别简称为:1953年SNA、1968年SNA、1993年SNA和2008年SNA。世界各国一般以国际标准为依据,针对本国的实际情况和需要制定并适时修订本国的国民经济核算体系。

  2008年SNA是国民经济核算的最新国际标准。自联合国等国际组织颁布这一标准以来,美国、加拿大、澳大利亚等发达国家已经结合本国的实际情况予以实施,并且修订了本国的国民经济核算历史数据。日本也制订了2008年SNA的实施计划。欧盟统计局以2008年SNA为标准,修订了本地区的国民经济核算体系——《欧洲国家和地区核算体系(2010)》,以推进欧洲国家和地区实施2008年SNA。

我国国民经济核算体系是随着经济体制的变化、经济的发展、经济管理需求的变化，以及国际标准的变化而变化的。我国目前实行的《中国国民经济核算体系（2002）》是在十多年前，根据我国当时的实际情况，依据1993年SNA制定的。2003年以来，我国社会主义市场经济发展过程中产生了许多新情况，经济管理领域产生了许多新需求，国际组织又颁布了新的国际标准，同时，我国国民经济核算制度方法改革取得了许多新成果，因此，需要对我国现行的国民经济核算体系进行修订。

2001年至2006年，我担任国家统计局国民经济核算司司长。当时，联合国等国际组织正在组织对1993年SNA的修订工作，并且把有关修订问题归纳为45个，联合国统计委员会第34届统计大会通过了这45个修订问题清单。我组织核算司的部分同志成立课题组，对1993年SNA的修订进行跟踪研究，对上述45个问题进行梳理，并针对其中的重点问题进行研究，撰写了《1993年SNA修订问题综述》《关于无形资产的处理问题》《关于雇员股票期权核算》《关于高通货膨胀条件下的利息核算》等系列研究报告，连续发表在2006年的《统计研究》上。

2008年SNA正式颁布以后，我又组织核算司的同志成立课题组，对2008年SNA的基本概念、基本分类、基本指标的口径范围和基本核算方法的变化进行系统梳理，针对我国社会主义市场经济发展过程中产生的新情况和宏观经济管理领域的新需求，结合近十年来我国国民经济核算制度方法取得的新进展，撰写了系列研究报告，陆续发表在2012—2013年的《统计研究》上。此项研究的目的就是为我国现行国民经济核算体系的修订做好前期准备工作，推动我国国民经济核算体系的改革和完善，促进我国国民经济核算体系与新的国际标准相衔接，提高我国国民经济核算数据的国际可比性，适应我国社会主义市场经济发展的新情况，满足宏观经济管理的新需求。

2013年四季度以来，我请国民经济核算司的陈杰同志和吕峰同志对后一系列研究报告进行了整理和修改，我又对每一篇研究报告做了系统的修改和审定，并将最近发表在《全球化》杂志上的《关于中国国民经济核算体系的修订》一文进行了细化，补充进来，形成本书。全书共收录14篇研究报告，其中包括3篇综合性研究报告和11篇专题性研究报告。第一篇综合性研究报告，即《关于中国国民经济核算体系的修订》，阐述了为什么要对中国现行国民经济核算体系进行修订、修订的重点内容和修订的时间表；第二篇和最后一篇综合性研究报告，即《SNA的修订及对中国国民经济核算体系改革的启示》和《SNA的修订与中国国民经济核算体系改革研究》比较系统地介绍了2008年SNA的重点修订内容，阐述了其对中国国民经济核算体系改革的启示，就基本概念、基本分类、基本指标和基本核算方法提出了改革建议。11篇专题性研究报告详细地梳理了2008年SNA对机构部门分类、中央银行产出计算方法、非寿险服务产出计算方法、国际贸易记录原则、供给使用核算等若干方面内容所做的具体修订，以及新引入的雇员股票期权、资本服务等核算内容，阐述了中国现行国民经济核算体系对相应问题的处理方法，提出了具体改革建议。

借本书出版的机会，我要感谢"SNA的修订与中国国民经济核算体系改革"研究小组的同志们，他们为此项课题研究付出了很多努力。本书的出版得到北京大学出版社的林君秀老师和郝小楠老师的大力支持和帮助，她们为本书的出版付出了辛勤的劳动，我借此机会深表谢意。

希望本书对中国现行国民经济核算体系的改革具有一定的参考价值，对广大读者具有一定的参考作用。由于水平所限，错误和疏漏难以避免，敬请批评指正。

许宪春

2014年2月20日

目 录

关于中国国民经济核算体系的修订 …………………… 许宪春（1）

SNA 的修订及对中国国民经济核算体系改革的启示 ………… 吕　峰（15）

SNA 关于机构部门分类的修订与中国机构部门分类的
　　改革研究 ………………………………………… 韩　丹（32）

SNA 的修订对 GDP 核算的影响研究 ………………… 吕　峰（44）

SNA 关于固定资产范围的拓展对 GDP 核算的影响研究 ……… 魏媛媛（51）

SNA 关于中央银行产出计算方法的修订与中国相应计算方法的
　　改革研究 ………………………………………… 董　森（63）

SNA 关于非寿险服务产出计算方法的修订与中国相应计算方法的
　　改革研究 ………………………………………… 吕　峰（74）

SNA 关于国际贸易记录原则的修订与中国相应记录原则的
　　改革研究 ………………………………………… 陈　杰（84）

SNA 关于政府发放许可收费的处理方法及中国有关税费核算的
　　改革研究 ………………………………………… 陈　杰（91）

SNA 关于雇员股票期权的核算方法与中国相应核算方法的

引入 ………………………………………………… 杜治秀(106)

SNA 关于社会保险核算的处理及中国社会保险核算的

改革研究 …………………………………………… 吕　峰(116)

SNA 关于资本服务核算及对国民账户的影响 …………… 江永宏(130)

SNA 关于供给使用核算的修订与中国投入产出核算方法的

改革研究 …………………………………………… 陈　杰(143)

SNA 的修订与中国国民经济核算体系改革

研究 ………………………………… 许宪春　吕　峰　魏媛媛(154)

关于中国国民经济核算体系的修订

许宪春

一、为什么要对中国现行国民经济核算体系进行修订

联合国等国际组织颁布国民经济核算新的国际标准《国民账户体系(2008)》[①]以来,发达国家和地区已经开始实施或制订了实施这一新的国际标准的计划。例如,美国、加拿大和澳大利亚都已经结合本国的实际情况实施了 2008 年 SNA,日本制订了实施 2008 年 SNA 的计划。欧盟统计局以 2008 年 SNA 为标准,修订了本地区的国民经济核算体系——《欧洲国家和地区核算体系(2010)》,以推进欧洲国家和地区实施 2008 年 SNA。那么,我国现行国民经济核算体系是否需要修订,以过渡到新的国际标准呢?

新中国成立以来,中国国民经济核算体系经历了三个发展阶段:第一阶段是 1952 年至 1984 年,这一时期我国实行的是高度集中的计划经济体制。为了适应这种经济体制下经济管理的需求,我国国民经济核算采用的是产生

[①] 联合国等国际组织制定的国民经济核算国际标准《国民账户体系》(System of National Accounts),包括不同的版本,分别于 1953 年、1968 年、1993 年和 2008 年颁布,简称为 1953 年 SNA、1968 年 SNA、1993 年 SNA 和 2008 年 SNA。1993 年 SNA 和 2008 年 SNA 都是由联合国、欧盟委员会、经济合作与发展组织、国际货币基金组织和世界银行共同制定的。

于苏联的物质产品平衡表体系(简称 MPS),这一体系的核心指标是农业、工业、建筑业、运输业和商业五大物质生产部门创造的净产值,即国民收入。①第二阶段是 1985 年至 1992 年,这一时期是我国从高度集中的计划经济体制向社会主义市场经济体制的过渡时期。为了适应这种过渡时期经济管理的需要,我国国民经济核算实行了从 MPS 体系向市场经济国家普遍采用的 SNA 体系转变的混合型体系,这个体系的核心指标既包括 MPS 体系的国民收入,也包括 SNA 体系的国内生产总值。这一体系已经突破了物质生产的界限,反映了非物质服务活动创造的增加值。这一体系的标志性文件是《中国国民经济核算体系(试行方案)》,它是依据 MPS 和 1968 年 SNA 制定的,体现了混合型特点。第三阶段是 1993 年至今,这一时期我国实行了社会主义市场经济体制。为了适应这种经济体制下经济管理的需要,我国采用了 SNA 体系,国内生产总值成为我国国民经济核算的核心指标。实行这一体系的标志性文件是《中国国民经济核算体系(2002)》,它是依据 1993 年 SNA 制定的。这个体系表明我国国民经济核算已经完成了向市场经济国家普遍采用的国际标准的过渡。

从建立和发展的过程可以看出,我国国民经济核算体系是随着经济体制的变化、经济的发展、经济管理需求的变化,以及国际标准的变化而变化的。随着这些方面的发展变化,我国国民经济核算体系也要进行修订,使之适应新的体制、新的情况、新的需求,也使核算原则、核算方法、核算指标、核算数据具有国际可比性。

2003 年以来,我国社会主义市场经济发展过程中产生了许多新情况,经济管理领域产生了许多新需求,国际组织又颁布了新的国际标准,所以需要

---

① 国家统计局国民经济平衡统计司:《国民收入统计资料汇编(1949—1985)》,中国统计出版社,1987 年版,第 10 页。

对我国现行的国民经济核算体系进行新的修订。

二、关于中国现行国民经济核算体系修订的重点内容

这次我国国民经济核算体系的修订,在基本框架和基本原则方面将不作根本性的调整,但将涉及一系列基本概念、基本分类、基本指标和基本计算方法的修订。本文仅阐述其中一些比较重要的修订内容。

(一)引入知识产权产品概念,将研发支出计入 GDP

2008 年 SNA 引入了知识产权产品概念。知识产权产品指的是研究、开发、调查或者创新等活动的成果,这些活动会产生知识,开发者能够销售这些知识,或者在生产中使用这些知识来获利,因为通过法律或其他保护手段,这些知识的使用是受到限制的。[①] 2008 年 SNA 把知识产权产品作为固定资产的组成部分,把关于这种产品的支出作为固定资本形成计入 GDP。2008 年 SNA 把知识产权产品分为五种类型:研究与开发,矿藏勘探与评估,计算机软件与数据库,娱乐、文学和艺术品原件,其他知识产权产品。其中,矿藏勘探与评估,计算机软件与大型数据库,娱乐、文学和艺术品原件在 1993 年 SNA 中已经被归入固定资产,2008 年 SNA 将研究与开发纳入固定资产,把研究与开发支出作为固定资本形成计入 GDP。

在 1993 年 SNA 以前的国民经济核算国际标准中,研究和开发支出是作为中间投入处理的。在 1993 年 SNA 的研究制定过程中,关于研发支出是继续作为中间投入还是调整为固定资本形成,曾经进行过讨论,由于国际专家们没有形成一致意见,1993 年 SNA 还是把研发支出继续作为中间投入处理了。1993 年以后,世界各国,尤其是发达国家,在研发方面的支出不断增加,

---

① 联合国等:《国民账户体系(2008)》,中国统计出版社,2012 年版,第 10 章,第 98 段。

研发已经成为推动经济增长的重要动力,研发作为固定资产的属性更加明显。同时,部分发达国家对将研发支出作为固定资本形成核算进行了长期研究,方法逐渐成熟。这些因素促使国际专家们形成了一致意见,因此2008年SNA明确把研发支出作为固定资本形成处理。

将研发支出作为固定资本形成处理并不意味着将所有的研发支出都作为固定资本形成处理,2008年SNA给出的基本原则是,将给其所有者带来经济利益的研发支出作为固定资本形成处理,将不给其所有者带来经济利益的研发支出仍然作为中间投入处理。

把研发支出从中间投入调整为固定资本形成会对GDP总量产生一定的影响。从生产角度看,有研发支出的行业中间投入减小,增加值增加,从而导致生产法和收入法GDP增加;从需求角度看,固定资本形成总额增加,从而导致支出法GDP增加。

把研发支出从中间投入调整为固定资本形成对GDP结构也会产生一定的影响。从生产角度看,各行业研发支出占增加值的比例不同,从而导致GDP的行业结构发生变化;从需求角度看,固定资本形成总额增加,从而导致GDP需求结构发生变化,即消费率、投资率和净出口率发生变化,投资率会有所上升,消费率和净出口率会有所下降。

另外,将研发支出作为固定资本形成之后,还要计算相应的固定资产折旧。对于市场生产者来说,相应固定资产折旧的计算不会引起增加值总量的变化,但固定资产折旧会增加,营业盈余会相应的减少,所以收入法增加值的结构会发生变化;对于非市场生产者来说,固定资产折旧的增加会直接影响增加值总量和收入法增加值结构。因此,将研发支出作为固定资本形成之后,相应的固定资产折旧的计算也会导致GDP总量以及GDP结构发生一些微小的变化。

我国现行国民经济核算体系已经按照1993年SNA的建议,把矿藏勘探与评估支出、计算机软件支出作为固定资本形成计入GDP了。我们需要引入知识产权产品概念,把研发支出作为固定资本形成计入GDP。

改革开放以来,我国经济迅速发展,经济实力不断增强。但是,随着经济的快速发展,我国经济也积累了一些突出矛盾和问题,例如资源环境对经济增长的约束不断增强,人口年龄结构变化导致劳动供给增速放缓,"人口红利"逐步消失等。在这种情况下,科技创新逐步成为我国经济增长的重要驱动因素。近年来,我国不断加大研发投入,全社会研究与开发(简称R&D)的经费支出由2002年的1 287.6亿元增加到2012年的10 298.4亿元,十年间增加了约9 000亿元;R&D经费支出占GDP的比重也从2002年的1.07%增加到2012年的1.98%。随着R&D经费支出的逐步增加,研究与开发活动在我国经济发展过程中发挥了越来越重要的作用。

关于研究与开发支出核算,我国也拥有比较丰富的基础数据。例如,我国分别于2000年和2009年进行了两次R&D资源清查,在常规年度也开展了政府、科研机构、企业等研发活动的调查,掌握了R&D经费支出及构成等数据。同时,发达国家,如美国、加拿大、澳大利亚等,在开展研发支出核算方面积累了比较丰富的经验可供借鉴。因此,按照2008年SNA的建议,引入知识产权产品概念,将研发支出作为固定资本形成计入GDP不仅存在必要性,而且具备了可能性。在广泛搜集研发支出统计资料的基础上,国家统计局按照2008年SNA的建议,分别从生产和需求两个方面开展了将研发支出计入GDP的核算方法研究,得出了初步测算结果,目前已进入论证阶段。

关于数据库、娱乐、文学和艺术品原件,其他知识产权产品,我国还缺乏基础统计资料,需要在以后条件成熟时逐步作为固定资本形成计入GDP。

（二）引入经济所有权概念，将土地承包经营权流转收入计入农民财产收入

2008年SNA引入了经济所有权概念，这是相对于法定所有权而言的。法定所有权指的是在法律上拥有货物和服务、自然资源、金融资产和负债，并能够持续获得相应经济利益的权利；经济所有权指的是承担了货物和服务、自然资源、金融资产和负债有关经济风险，享有相应经济利益的权利。[①] 通常情况下，经济所有权与法定所有权归属于同一所有者。当经济所有权与法定所有权分离时，2008年SNA建议按经济所有权进行核算。这样可以使有关核算结果更加合理和符合实际情况。

随着社会主义市场经济的发展，为了推动土地集约化经营，我国2002年颁布的《农村土地承包法》明确规定，土地承包经营权可以依法进行流转。近年来，我国土地承包经营权流转现象越来越普遍。据有关部门初步统计，截至2012年年底，全国家庭承包经营耕地流转面积达到2.7亿亩，占家庭承包耕地（合同）总面积的21.5%[②]，土地承包经营权流转收入成为农民收入的重要组成部分。那么，在国民经济核算中应当如何处理这些收入呢？

我国宪法规定，农村的土地属于集体所有（法律规定属于国家所有的土地除外），所以拥有土地承包经营权的农民对相应的土地并不拥有法定所有权。如果按照法定所有权的原则，土地承包经营权流转收入不能作为拥有土地承包经营权的农民的财产收入处理。但是，拥有土地承包经营权的农民对相应的土地承担经济风险，享受经济收益，所以拥有相应土地的经济所有权。按照经济所有权的原则，拥有土地承包经营权的农民成为土地的经济所有者，把土地承包经营权流转给其他个人或单位使用所获得的收入就形成了

---

① 联合国等:《国民账户体系（2008）》,中国统计出版社,2012年版,第3章,第21和26段。
② 农业部农村经济体制与经营管理司:解读中央1号文件,《农民日报》,2013年2月3日。

SNA定义的地租,从而构成农民财产收入的一部分。因此,我国国民经济核算需要引入2008年SNA的经济所有权概念,这样,作为我国农民收入重要组成部分的土地承包经营权流转收入就有了合理的处理方法。

(三) 引入市场租金法,修订城镇居民自有住房服务价值

1. 为什么要对居民自有住房服务价值进行虚拟计算

本文中的居民自有住房指的是居民自己拥有自己居住的住房,不包括居民自己拥有出租给其他用户的住房。所以,居民自有住房并没有发生市场租赁行为,自有住房服务价值只能采取虚拟计算的办法。那么,为什么要对居民自有住房服务价值进行虚拟计算呢?这主要是因为居民自有住房与租赁住房的比率,在不同的国家之间,同一国家不同时期之间都是不同的,不对居民自有住房服务价值进行虚拟计算,住房服务的生产和消费的国际比较和历史比较就会失去意义。

2. 居民自有住房服务价值的虚拟计算方法

居民自有住房服务价值的虚拟计算有两种基本方法:一是市场租金法,即按市场上相同类型、相同大小和相同质量的住房租金来估算。这种方法适用于存在规范的住房租赁市场的国家。二是成本法,即按居民自有住房服务的成本来估算。其中的成本一般包括居民自有住房的维护修理费、物业管理费和固定资产折旧等。这种方法适用于住房租赁市场不大规范的国家。

3. 居民自有住房服务价值虚拟计算的影响

首先,居民自有住房服务价值的虚拟计算影响房地产业的增加值。居民自有住房服务价值对应的是居民自有住房服务的总产出,所以,居民自有住房服务价值扣除中间投入之后就是居民自有住房服务的增加值。居民自有住房服务是房地产业的重要组成部分,其服务价值的虚拟计算影响到居民自有住房服务增加值,从而影响到房地产业增加值。

其次,居民自有住房服务价值的虚拟计算影响居民可支配收入。如前所述,居民自有住房服务价值扣除中间投入之后得到居民自有住房服务增加值。从产业部门生产核算的角度,它计入房地产业增加值;从机构部门生产核算的角度,它计入住户部门增加值。这种增加值一般不包括劳动者报酬,也不包括生产税净额,只包括固定资产折旧和营业盈余[1],后两部分包括在居民可支配收入[2]中。所以居民自有住房服务价值的虚拟计算影响到居民可支配收入。

再次,居民自有住房服务价值的虚拟计算影响居民消费支出。如上所述,从生产核算的角度,居民自有住房服务价值本身并不是直接计入房地产业增加值,而是以其价值构成部分,即居民自有住房服务增加值计入房地产业增加值,因此,居民自有住房服务价值的虚拟计算是以一种间接的方式影响房地产业增加值。从收入分配核算的角度,居民自有住房服务价值本身也并不是直接计入居民可支配收入,而是以其价值构成部分,即固定资产折旧和营业盈余计入居民可支配收入,因此,居民自有住房服务价值的虚拟计算也是以一种间接的方式影响居民可支配收入。从使用核算的角度,居民自有住房服务价值直接计入居民消费支出,所以自有住房服务价值的虚拟计算直接影响到居民消费支出。因此,居民自有住房服务价值的虚拟计算对居民消费支出的影响方式与其对房地产业增加值和居民可支配收入的影响方式有所不同。

最后,居民自有住房服务价值的虚拟计算影响到国民经济中的一些重要比例关系。一是影响到第三产业增加值比重。房地产业是第三产业的重要

---

[1] 当居民自有住房服务价值虚拟计算采用成本法时,营业盈余为零。
[2] 居民可支配收入包括居民可支配总收入和居民可支配净收入,前者包括固定资产折旧,后者不包括固定资产折旧。

组成部分，自有住房服务价值的虚拟计算影响到房地产业增加值，必然影响到第三产业增加值，从而影响到第三产业增加值占GDP的比重。二是影响到居民可支配收入比重。如上所述，自有住房服务价值的虚拟计算影响到居民可支配收入，从而必然影响到居民可支配收入占国民可支配收入的比重。三是影响到居民消费率。如上所述，自有住房服务价值的虚拟计算影响到居民消费支出，从而必然影响到居民消费支出占支出法GDP的比重，即居民消费率。

显然，第三产业增加值比重、居民可支配收入比重和居民消费率是国民经济中的重要比例关系。

4. 我国现行居民自有住房服务价值的虚拟计算方法及其存在的问题

目前，我国居民自有住房服务价值的虚拟计算采用的是成本法，即：

居民自有住房服务价值 = 维护修理费 + 物业管理费 + 固定资产折旧

其中，居民自有住房的固定资产折旧采用住房造价乘以折旧率计算，城镇居民自有住房折旧率采用的是2%，农村居民自有住房折旧率采用的是3%。其中隐含的假定是，城镇居民自有住房具有50年的使用寿命，农村居民自有住房具有30多年的使用寿命。物业管理费只适用于城镇居民自有住房服务价值的计算。

我国现行居民自有住房服务价值的虚拟计算方法是在第一次经济普查时，通过对不同方法进行试算、比较和评估后确定的。当时曾经尝试采用租金法计算居民自有住房服务价值。但是由于当时住房租赁市场不完善，利用住房租金计算的结果波动性较大，因此成本法被认为是计算当时我国居民自有住房服务价值的一种最为可行的方法。但是，随着我国经济的快速发展和居民收入水平的不断提高，随着城镇住房市场化改革的不断深化和城镇化进程的加快,我国城镇居民住房需求增长较快,房地产市场快速发展,房价迅速上升,城镇房屋造价与市场价值的差距越来越大,使得利用房屋造价计算的城镇居民自有住房存量价值被低估,从而导致城镇居民自有住房服务价值的低估,进而导致房地产业增加值、居民可支配收入和居民消费支出的低估,因此导致第三产业增加值比重、居民可支配收入比重和居民消费率这些国民经济中的重要比例的低估。所以,对城镇居民自有住房服务价值虚拟计算方法进行改革非常具有必要性和紧迫性。

5. 引进市场租金法,修订居民自有房服务价值

近年来,随着房地产市场快速发展,我国住房租赁市场也已经逐步成熟,房租的代表性逐步增强,房租资料越来越丰富。因此,有必要对现行的计算方法进行改革,引进国际上广泛使用的市场租金法计算城镇居民自有住房服务价值,从而有利于客观地反映房地产业增加值、居民可支配收入和居民消费支出,进而有利于客观地反映第三产业增加值比重、居民可支配收入比重和居民消费率。国家统计局已经利用住户调查取得的住房租金、住房面积等数据以及人口统计数据,试算了近年来城镇居民自有住房服务价值,经过充分论证之后,新的计算方法将被正式采用。

(四) 引入实物社会转移概念,开展实际最终消费核算

在2008年SNA中,有一类重要的收入转移,称为实物社会转移,指的是政府和为住户服务的非营利机构免费或以没有显著经济意义的价格提供给住户的消费性货物和服务。[①] 这类货物和服务的支出由政府和为住户服务的非营利机构承担,被住户所消费。

2008年SNA设置了两类最终消费指标,一类是最终消费支出,包括住户

---

① 联合国等:《国民账户体系(2008)》,中国统计出版社,2012年版,第8章,第141段。

部门、政府部门和为住户服务的非营利机构部门的最终消费支出；一类是实际最终消费，包括住户部门、政府部门和为住户服务的非营利机构部门的实际最终消费。这两类指标之间具有以下关系：

住户部门实际最终消费＝住户部门最终消费支出＋住户部门从政府部门和为住户服务的非营利机构部门获得的实物社会转移

政府部门实际最终消费＝政府部门最终消费支出－政府部门对住户部门的实物社会转移

为住户服务的非营利机构部门实际最终消费＝为住户服务的非营利机构部门最终消费支出－为住户服务的非营利机构部门对住户部门的实物社会转移

由上述可知，住户部门实际最终消费反映了居民获得的所有消费性货物和服务的价值，它不仅包括了住户部门自身承担支出所获得的消费性货物和服务的价值，还包括住户部门以实物社会转移的形式从政府部门和为住户服务的非营利机构部门获得的消费性货物和服务的价值。例如，政府部门为住户部门提供的教育、文化、医疗等服务的价值，体现了居民的实际消费水平。而政府部门和为住户服务的非营利机构部门以实物社会转移的形式向住户部门提供的个人消费性货物和服务提高了居民的实际消费水平，体现了政府部门和为住户服务的非营利机构部门在改善居民生活方面所发挥的作用。

近年来，我国政府在推动经济发展的同时，更加注重改善民生，政府用于教育、文化、医疗卫生等民生方面的支出不断增加。例如在教育方面，政府财政不断加大投入力度，教育事业不断发展，教育水平逐步提高；在医疗卫生方面，政府财政不断加大投入力度，医疗卫生事业不断发展，医疗卫生服务水平逐步提高。

我国现行国民经济核算只设置了一类最终消费指标,即最终消费支出,包括居民消费支出和政府消费支出①;没有设置实际最终消费指标,包括居民实际消费和政府实际消费。为了更全面地反映我国居民的实际消费水平和政府在改善民生方面所发挥的重要作用,我国国民经济核算需要引入实物社会转移概念,设置实际最终消费指标。目前,国家统计局正在开展居民实际消费和政府实际消费核算的方法研究和数据测算工作,核算方法和测算数据通过论证后,将正式开展实际最终消费,包括居民实际消费和政府实际消费的核算工作。

(五)引入雇员股票期权概念,将其计入劳动者报酬

雇员股票期权指的是公司授予其部分员工在未来一个约定的日期或一段时间内,按照预先确定的价格和条件购买一定数量的公司股票的权利。被授权的员工大多是公司董事、高级管理人员以及核心技术人员等,他们一般需要满足一定的条件才可以被授权,这些条件往往同公司业绩及个人业绩挂钩。如果被授权者经营管理有方,公司业绩优良,他们就可以在约定的时间,以原约定的较低的价格购买一定数量的股票。雇员股票期权是作为对员工的酬劳或激励而给予他们的,与员工在企业的表现和业绩有关,因而具有劳动者报酬的属性。近年来,许多国家,特别是发达国家越来越多的企业将雇员股票期权作为激励员工的重要方式。因此2008年SNA引入了雇员股票期权概念,建议对雇员股票期权价值进行估值,将其计入劳动者报酬。

随着改革的逐步深入,我国有越来越多的企业将雇员股票期权作为激励员工的一种方式。2006年《上市公司股权激励管理办法(试行)》正式实施以后,我国上市公司的股权激励制度得到了快速发展。据中国证券监督管理委

---

① 我国国民经济核算没有单独划分出为住户服务的非营利机构部门,所以最终消费支出中不包括为住户服务的非营利机构部门消费支出。

员会(以下简称证监会)统计①,截至 2013 年 4 月 30 日,共有 464 家上市公司提交了股权激励计划,约占上市公司总数的 18.6%。其中 308 家上市公司的 357 个股权激励计划处于实施阶段。从股权激励的方式看,大部分的股权激励计划采取授予期权的方式。因此,雇员股票期权制度正被我国越来越多的企业所接受和实施,所以我国国民经济核算有必要按照 2008 年 SNA 的建议,引入雇员股票期权概念,对其进行正确估值,并计入劳动者报酬。

(六)引入调整后已生索赔概念,修订非寿险服务产出计算方法

在 1993 年 SNA 中,非寿险服务产出等于实收保费加上追加保费再减去实际赔付。在正常年度,用这种方法计算非寿险服务产出是没有问题的。但是,在发生巨大灾难、产生巨额保险赔付的年度,用这种方法计算的非寿险服务产出会出现大幅度下降,甚至出现负值。因此,2008 年 SNA 对非寿险服务产出的计算方法作了改进,用调整后已生索赔代替实际赔付②,其中调整后已生索赔可以利用统计技术对历史数据进行平滑后得到。2008 年 SNA 还指出,从理论上讲也应该对追加保费作类似调整,但由于追加保费的波动要小于赔付,实践中这样的调整可能并不需要。但是,追加保费来源于保险公司的投资收入,在资本市场剧烈动荡的年度,投资收入的波动性会很大,因此也有进行调整的必要。许多国民经济核算专家已经认识到这一点,联合国和欧洲中央银行在共同出版的《SNA 中的金融生产、流量与存量手册》中,对此做出了明确规定:在非寿险服务产出计算中,追加保费也像赔付那样根据历史数据做平滑调整。

我国现行国民经济核算关于非寿险服务产出的计算采用的是 1993 年 SNA 的方法。国际组织关于非寿险服务产出计算方法的改进是合理的,我国

---

① 中国证券监督管理委员会:《2012 年上市公司执行会计准则监管报告》,2013 年 8 月 16 日。
② 联合国等:《国民账户体系(2008)》,中国统计出版社,2012 年版,第 6 章,第 185 段。

国民经济核算也应引入调整后已生索赔和调整后追加保费概念,修订非寿险服务产出的计算方法。

三、中国国民经济核算体系修订的时间表

目前,国家统计局正在对2008年SNA的基本概念、基本分类、基本指标和基本计算方法的修订进行系统的梳理,对中国社会主义市场经济发展过程中产生的新情况、经济管理领域产生的新需求进行认真研究,对《中国国民经济核算体系(2002)》颁布十多年来中国国民经济核算制度方法改革进行全面总结和归纳,起草《中国国民经济核算体系(2014)》初稿。计划修订的时间表如下:2014年6月底完成初稿;2014年三季度征求各方面意见,召开专家研讨会;2014年年底形成新的关于国民经济核算国家标准。

参 考 文 献

[1] 国家统计局:中国国民经济核算体系(2002)[M],北京,中国统计出版社,2003。

[2] 国家统计局国民经济平衡统计司:国民收入统计资料汇编(1949—1985)[M],北京,中国统计出版社,1987。

[3] 农业部农村经济体制与经营管理司:解读中央一号文件[N],农民日报,2013年2月3日。

[4] 中国证券监督管理委员会:2012年上市公司执行会计准则监管报告[EB/OL],中国证券监督管理委员会网站,2013。

[5] United Nations, European Commission, International Monetary Fund, Organisation for Economic Co-operation and Development, World Bank:System of National Accounts (SNA), 2008, New York, 2009.

SNA 的修订及对中国国民
经济核算体系改革的启示

吕 峰

一、引言

《国民账户体系》(System of National Accounts, SNA)是由联合国、国际货币基金组织、世界银行、经济合作与发展组织、欧盟委员会等国际组织制定并颁布的国民经济核算国际标准。它是一个宏观经济统计的基本框架,它为经济分析、政策制定和国际比较研究提供了一套兼具综合性、一致性和灵活性的宏观经济统计工具。

第一个正式版本 SNA 形成于 1953 年,之后经历了若干次改进和修订。其中比较重大的修订有三次,分别形成了 1968 年 SNA、1993 年 SNA 和 2008 年 SNA。最近的一次修订,即对 1993 年 SNA 的修订,正式启动于 2003 年,结束于 2009 年,以 2008 年 SNA 的正式出版为标志,历时六年之久。在这次修订过程中,国际国民经济核算工作组(ISWGNA,以下简称"工作组")①发挥了主导作用。在修订过程伊始,工作组即对SNA的修订范围、修订问题清单、修订过程中的协调、最终结果的发布等问题做出了全面而系统的规定,组建了国民经济核算顾问专家组(AEG,以下简称"专家组")和若干个专家工作小组。其中专家组的主要作用是就修订过程中的一些全局性问题和修订意见的决策向工作组提供咨询服务,专家工作小组则主要负责具体技术问题的讨论,并提出初步的修订意见。

在修订过程中,工作组特别强调此次SNA的修订要与其他国际统计标准保持最大可能的协调性和一致性。值得一提的是,1993年SNA的修订与《国际收支平衡手册(第五版)》(BPM 5)的修订基本是同时进行的,双方的修订人员在修订过程中保持了紧密的沟通与合作,保证了修订后的SNA与BPM基本上的协调一致。此外,1993年SNA的修订也特别注意了与《政府财政统计手册》(GFS)、《货币和金融统计手册》(MFSM)、《综合环境经济核算手册》(SEEA)、国际标准产业活动分类(ISIC)和中心产品分类(CPC)等内容之间的协调一致性问题。

为在最大程度上确保世界各国的广泛参与和修订工作的透明性,工作组在联合国统计署(UNSD)的网站上特设了一个关于1993年SNA修订的子网站②,工作组和专家组会议讨论的初步文件、会议纪要和相关结论等所有文件都可以在这个子网站上找到。另外,每次会议之后,有关变动的初步结论将散发给联合国各成员国听取意见,各成员国在60天的反馈期内可以就这些初步结论提出意见。

---

① ISWGNA是Inter-secretariat Working Group on National Accounts的英文缩写,由联合国(UN)、国际货币基金组织(IMF)、世界银行、经济合作与发展组织(OECD)和欧盟委员会等5个国际组织组成,主要从技术方面负责管理与协调1993年SNA的修订工作。

② 网站地址为:http://unstats.un.org/unsd/nationalaccount/hist2008.asp。

在1993年SNA的修订过程中和2008年SNA正式颁布后,国内学者和有关机构对其进行了及时跟踪和研究。在1993年SNA修订过程中,国家统计局国民经济核算司1993年SNA修订问题研究小组(2006(3),2006(4),2006(5),2006(6),2006(7),2006(8),2006(9))对修订的整体框架和部分具体问题进行了系列研究;杨仲山和何强(2008)对修订议题进行了分类讨论,并分析了其对我国可能带来的影响和相关启示。2008年SNA正式颁布后,许涤龙和周光洪(2009)对与金融工具核算有关的变动进行了系统归纳;刘伟(2010,2011)对非金融资产、统计单位和机构部门方面的变动情况分别进行了梳理。这些研究对于我国及时跟踪1993年SNA的修订情况,了解2008年SNA的最新规定提供了宝贵的资料。

为了进一步深入研究2008年SNA,推动我国的国民经济核算体系改革,本文拟较为系统地介绍2008年SNA中的重点修订内容,分析其对我国国民经济核算体系改革的启示。文章的第二部分对2008年SNA相对于1993年SNA的重点修订内容分类进行介绍,第三部分讨论我国国民经济核算体系改革中应予以重视的若干问题,第四部分是SNA的修订对我国国民经济核算改革的几点启示。

二、2008年SNA的重点修订内容

相对于1993年SNA,2008年SNA没有根本性和结构性的变化,但在统计单位和机构部门划分、生产边界和产出计算、资产和资本形成、金融工具和金融资产、政府和公共部门、全球化相关议题等方面还是有不少具体的变化,其中较为重点的修订内容包括以下一些方面:

（一）与统计单位和机构部门划分有关的修订内容

1. 明确了一些情形下生产单位是否可被确认为独立的机构单位

这主要包括两个方面的内容。一是2008年SNA规定,如果一个辅助单位的活动是统计可观测的,或其所处地点独立于主要单位,则应被视为一个独立的机构单位,并按成本计算其总产出,这与1993年SNA规定辅助单位总被视为主要单位的组成部分是不同的。二是2008年SNA规定,一个由非常住机构单位所拥有的非法人企业,在满足一定条件的前提下应被确认为独立的机构单位,而1993年SNA只说应将其视为所在国的一个名义常住单位。

2. 关于机构部门划分的有关问题

这主要包括四个方面的内容。一是对于只拥有子公司资产而不提供任何服务的控股公司,2008年SNA建议将其划分为金融公司部门,1993年SNA则建议按其所拥有的子公司的主要活动对控股公司进行机构部门划分。二是2008年SNA建议按照子公司的主要活动对公司总部进行机构部门划分,1993年SNA对此则没有明确指导。三是2008年SNA引入了非营利机构部门的子部门。四是2008年SNA修订了金融公司部门的子部门,以反映金融服务、金融市场和金融工具的新发展,修订后的金融公司部门包括9个子部门,与1993年SNA中的5个子部门划分相比,分类更加详细。

3. 确认了特殊目的实体(SPEs)

对于各种既无雇员也无非金融资产、被称为特殊目的实体的单位,2008年SNA规定除三种特殊情况(专属金融机构、公司的虚拟子公司、政府的特殊目的单位)外,都应被确认为机构单位,并按照主要活动将其归入机构部门或产业部门。1993年SNA对此没有明确指导。

(二) 与生产边界的确定和产出计算有关的修订内容

1. 将研究与开发(R&D)视为独立的生产活动并计算产出

2008年SNA将研发视为一种独立的生产活动,并建议如果研发被购买(外包),则按市场价格估价产出;如果是自给性生产,则按成本法计算产出。2008年SNA还建议,如果可能的话,应当为研发活动单独设置一个基层单位。相应的,研发支出在2008年SNA中被作为固定资本形成处理,而在1993年SNA中,研发活动被视为一种附属活动,相应的支出被作为中间投入处理。

2. 改进间接计算的金融中介服务(FISIM)的测算方法

2008年SNA建议利用参考利率法对所有的存款和贷款(包括金融机构贷出的自有资金)计算FISIM,并在用户之间进行分摊。在1993年SNA中,FISIM等于应收财产收入(不包括贷出自有资金的应收财产收入)和应付利息之差。另外,1993年SNA还建议在无法恰当地在不同用户之间分摊FISIM时,可以继续沿用1968年SNA的传统方法,即将所有的服务全部作为一个名义产业的中间消耗。2008年SNA则杜绝了这种可能性。

3. 细化中央银行服务产出的核算

在2008年SNA中,中央银行生产的服务被分为三种类型:金融中介服务、货币政策服务和一些临界情形,如金融监管服务等。金融中介服务属于市场服务,按参考利率法计算产出;货币政策服务属于非市场服务,按成本法计算产出;对于金融监管服务等临界情形,应根据收费是否可充分弥补成本来决定是按市场服务计算产出还是非市场服务计算产出。2008年SNA建议在可能的情形下,应该分别为三种不同的活动确认独立的产业活动单位,并分别计算产出。在1993年SNA中,中央银行产出主要考虑的是金融中介服务产出,按照直接收费、佣金和FISIM之和计算,并未过多考虑货币政策服务和金融监管服务。

4. 改进保险服务产出的核算

2008年SNA主要从两个方面改进了保险服务产出的核算。一是在计算非寿险服务产出时,2008年SNA建议使用调整后的理赔和调整后的追加保费代替1993年SNA建议的实际理赔和实际追加保费。采用调整后的理赔和调整后的追加保费计算非寿险服务总产出,可避免在发生巨灾的情况下保险服务产出的巨大波动。二是对于再保险和直接保险服务,2008年SNA建议应对两者分别独立记录,并按照计算直接保险服务产出的方法来计算再保险服务产出,1993年SNA则建议将再保险交易和直接保险交易合并记录来计算总产出。

5. 改进自给性生产活动产出的估价

2008年SNA建议,在利用成本法计算住户和公司的自给性生产活动产出时,应将资本回报作为总成本的一部分,即自给性生产活动产出不仅包括中间消耗、劳动者报酬、生产税净额和固定资本消耗,还包括按照一定的资本回报率计算的营业盈余。在1993年SNA的处理建议中,自给性生产活动产出的计算中不包含资本回报部分。

(三)与资产和资本形成有关的修订内容

1. 扩展资产边界

相对于1993年SNA,2008年SNA在三个方面扩展了资产的边界。一是将研究与开发纳入资产范围,作为生产资产处理,包括在"知识产权产品"类别下;而在1993年SNA中,与研发对应的专利权实体被列入非生产资产类别。二是将武器系统纳入资产范围,作为生产资产处理,形成了生产资产中的一个新的类别;在1993年SNA中,只有那些可用作民用生产目的的军事固定资产才被作为生产资产处理,相应的开支被记录为固定资本形成,只能用于军事目的的武器系统的开支,被作为中间消耗处理。三是将所有在一年以上的有效期内储存数据的数据库确认为固定资产;而1993年SNA只把"大型"数据库确认为资产。

2. 修订非金融资产分类

2008年SNA对非金融资产的分类进行了较大幅度的修订。与1993年SNA对比,主要的变化包括:在生产资产和非生产资产之下不再区分有形资产和无形资产;在建筑物和构筑物类别中,增加了土地改良;在机器和设备类别中,增加了信息、计算机和通信设备;武器系统和研发都被纳入生产资产中;"无形固定资产"这一术语更名为"知识产权产品";研究与开发产品包括在知识产权产品类下;以"计算机软件和数据库"取代"计算机软件",并进一步细分为"计算机软件"和"数据库"两个子类;"有形非生产资产"更名为"自然资源";增加了诸如无线电频谱等其他自然资源。

3. 引入经济所有权和经济所有者概念

2008年SNA引入了经济所有权和经济所有者的概念,以区别于法定所有权和法定所有者。经济所有者是指承担了与货物和服务、自然资源、金融资产和负债等实体有关的风险而有权享有在经济活动期间内运作该实体带来的经济利益的机构单位;法定所有者是指对货物和服务、自然资源、金融资产和负债等实体拥有法律资格的机构单位,依法享有与该实体有关的经济利益。2008年SNA建议将资产记录在经济所有者而非法定所有者的资产负债表上,交易记录的时点取决于经济所有权变更的时点。1993年SNA则没有对所有权进行明确定义。

4. 引入资本服务概念

2008年SNA引入了资本服务概念,并就资本服务问题新增加一个章节。资本服务概念的基本思想是:根据资本在整个生产过程中提供的服务的流量价值,来确定资本的存量价值。引入该概念,可以揭示如何将生产中所使用的资产的价值与所创造的总营业盈余之间建立联系,改进固定资本消耗和资本存量价值的测算。同时,资本服务概念的引入有助于满足生产率研究领域的分析需求。1993 年 SNA 没有明确提出资本服务的概念。

5. 引入资源租赁概念

2008 年 SNA 引入了资源租赁概念,该概念是指:自然资源仍然出现在其法定所有者的资产负债表中,但是承租人在生产中使用该资产,是自然资源的经济所有者。作为回报,承租人需要对资产所有者进行定期支付,该支付被记录为法定所有者的财产收入,称为地租。1993 年 SNA 没有针对自然资源讨论资源租赁概念。

(四) 与金融工具和金融资产有关的修订内容

1. 金融资产和负债分类的修订

2008 年 SNA 对金融资产和负债分类进行了修订,主要变化包括:将原"股票以外证券"更名为"债务性证券";将原"股票和其他股权"更名为"股权与投资基金份额";将原"保险专门准备金"更名为"保险、养老金和标准化担保计划",并对细分类别进行了扩充;引入了一个新的类别"金融衍生工具和雇员股票期权",将金融衍生工具和雇员股票期权包括在金融资产和负债的范围内。

2. 货币黄金定义的修订

为了与《国际收支手册(第六版)》(BPM 6)保持一致,2008 年 SNA 对货币黄金的定义进行了修订,货币黄金被定义为货币当局所拥有的并作为储备资产持有的金块和对非常住单位的未分配的黄金账户,其中金块是指实体黄金,而未分配黄金账户则指以黄金计价的存款。在 1993 年 SNA 的货币黄金定义中,没有讨论未分配的黄金账户。

3. 确认特别提款权负债

2008 年 SNA 建议将由国际货币基金组织发行的特别提款权(SDRs)视为特别提款权持有国的资产,以及对计划参与者的集体求偿权,即同时也被记录为负债。在 1993 年 SNA 中,特别提款权被视为没有对应负债的资产。

4. 引入雇员股票期权核算

2008 年 SNA 建议将雇员股票期权作为雇员报酬的一部分,是另一种形式的实物收入,并在相应经常账户及金融账户中记录。1993 年 SNA 没有就雇员股票期权的核算提供指导。

5. 社会保障缴款分类的修订

2008 年 SNA 主要按养老金和非养老金对社会保障缴款进行分类,而不是像 1993 年 SNA 那样主要按强制性和自愿性来分类。2008 年 SNA 将养老金进一步区分为定额缴款计划和定额福利计划,1993 年 SNA 没有做此种划分,而主要是按是否备有基金进行划分。

6. 详细阐述某些金融工具的处理方式

2008 年 SNA 详细阐述了对担保、不良贷款、指数关联型债务证券、外币关联型债务证券等金融工具的处理方式。1993 年 SNA 对此没有特别明确的规定。

(五)与政府和公共部门有关的修订内容

1. 明确政府和公共部门与其他部门的界限

为了明确政府和公共部门与经济中其他部门的界限,2008 年 SNA 给出了一个决策树,以帮助国民核算人员将机构单位划分到合适的机构部门中去。同时,这个决策树还有助于划清政府单位和其他公共单位之间的界限。

2. 澄清对政府发放的许可的处理

2008 年 SNA 建议,如果政府发放的许可不涉及对政府自有资产的使用,则对该许可的支付就是一种税。如果许可是可转移给第三方的,则可视为资产处理(合约、租约与许可)。如果许可是对政府自有资产的使用,则可处理为资产获得或租金支付。

3. 公营公司和公营准公司与政府之间的异常支付

2008年SNA对于公营公司和公营准公司与政府之间的异常支付做了统一规定。公营公司对政府的异常支付记录为权益提取,政府对公营公司的异常支付记录为资本转移。1993年SNA对公营公司和公营准公司则有不同的处理建议:公营公司对政府的异常支付被记录为红利的定期支付,而公营准公司对政府的异常支付则被记录为权益提取;政府对公营公司的异常支付被记录为资本转移,而政府对公营准公司的异常支付则被记录为权益增加。

(六) 与全球化有关的修订内容

1. 运送到海外加工的货物的处理

2008年SNA建议,应严格按照所有权的变更原则来记录进口和出口,对于所有权没有发生变更的来料加工的加工贸易,不按货物的总额记录为货物的进口和出口,而只记录加工费,作为服务的进口和出口处理。对于上述情形,1993年SNA是按采用总额记录原则,并作为货物的进口和出口处理。

2. 转口贸易的处理

转口贸易是指X经济体的常住单位从Y经济体购买货物然后向Z经济体出售的过程,在此过程中,虽然货物在法律上改变了所有权,但却没有实际进入X经济体内。2008年SNA建议,当货物在Y经济体被购买时,记录为X的负出口,当货物向Z经济体出售时,记录为X经济体的正出口。货物的差价最终被记录为X经济体的出口,并记录在货物项下。1993年SNA没有给出转口贸易的概念,但是在有关章节中提到了相似的经济活动①,同时建议把收入和销售的差额视为贸易商所提供的服务的价值,并记录在相应经济体的服务出口和进口项下。

3. 明确跨国企业的常住性

对于在一个以上经济领土内运营的企业,2008 年 SNA 给出了确定其常住性的原则。首先,如果一个跨国企业在两个或两个以上经济领土上有实质性运营活动和实际的物理存在,应该尽量通过拆分在每个经济领土内形成一个单独的机构单位。但在某些情况下,跨国企业在某些经济体内可能几乎没有或完全没有物理存在,仅凭企业的物理场所不足以确认其常住性,此时其常住性的确定原则是:企业在哪个经济领土上法律登记或注册成立,它就是哪个经济领土上的常住单位。同时,2008 年 SNA 还规定,当无法辨识跨国企业具体属于哪个经济体时,应按一定比例在各经济领土内分劈其总营业额。1993 年 SNA 对此没有给予明确指导。

三、中国国民经济核算体系改革需要重视的问题

《中国国民经济核算体系(2002)》是中国官方第一个正式的国民经济核算标准,该体系以 1993 年 SNA 为基础,根据中国当时的实际情况制定出来。自从该体系颁布以来,特别是在 2004 年和 2008 年两个经济普查年度,中国的国民经济核算方法有了很大改进,这些改进大大提高了中国国民经济核算体系与 SNA 体系的衔接程度。尽管如此,我国的核算体系与 2008 年 SNA 之间还是存在很多不一致的地方。为了进一步提高中国国民经济核算体系与 2008 年 SNA 这一新的国际标准的协调性,增强我国国民经济核算数据的国

---

① 1993 年 SNA,第 14 章,第 60 段。

际可比性,有一些问题在中国国民经济核算体系的改革中应予以特别的重视。

（一）机构部门划分

2008年SNA将经济总体划分为5个机构部门：非金融公司部门、金融公司部门、一般政府部门、为住户服务的非营利机构部门（NPISHs）以及住户部门。五个机构部门又可进一步划分为若干个子部门。在中国现行国民经济核算体系中,经济总体被划分为四个机构部门：非金融企业部门、金融机构部门、政府部门和住户部门,为住户服务的非营利机构部门未单列,而是包括在政府部门内。各机构部门的子部门划分也较为粗略。

（二）总产出和增加值的计算

2008年SNA建议按基本价格计算总产出和增加值,当基本价格不可行时,可采用生产者价格。中国现行国民经济核算体系采用经过修正的生产者价格计算总产出和增加值,该价格等于SNA意义下的生产者价格加上不可抵扣的增值税再加上进口税净额,即该价格包含了所有的生产和进口税。

（三）中央银行产出计算方法的改进

2008年SNA对中央银行产出的计算方法进行了改进,按金融中介服务、货币政策服务和金融监管服务等临界情形三个不同的类别计算产出。中国现行国民经济核算体系没有单独计算中央银行的产出,而是将其放在银行业中和其他银行业法人单位一起计算产出。中央银行所属的执行银行会计制度的法人单位产出计算方法与其他金融企业一样,分为间接测算的金融中介服务产出和直接收费的服务产出；中央银行所属的执行行政事业会计制度的法人单位产出则采用成本法。

（四）非寿险服务产出计算方法的改进

2008年SNA对非寿险服务产出的计算方法进行了改进,计算时使用调整后的理赔和调整后的追加保费来代替1993年SNA建议的实际理赔和实际追加保费。中国现行国民经济核算体系仍采用1993年SNA的方法。

（五）将雇员股票期权纳入雇员报酬

2008年SNA建议将雇员股票期权作为雇员报酬的一部分处理。目前我国还没有建立起雇员股票期权统计制度，在GDP核算中也未考虑雇员股票期权。

（六）雇员报酬、劳动者报酬和混合收入

中国现行国民经济核算体系没有设立"雇员报酬"和"混合收入"这两个指标，而是使用"劳动者报酬"这一指标来近似替代SNA中的"雇员报酬"。其中，劳动者报酬等于雇员报酬加上混合收入中属于劳动回报的部分。另外，混合收入中属于资本回报的部分在中国现行国民经济核算体系中被纳入了营业盈余。

（七）财产收入核算

中国现行国民经济核算体系关于财产收入的核算与2008年SNA存在一些不一致的地方。在公司已分配收入核算中，只考虑了上市公司的红利，而没有考虑非上市公司的红利和准公司的收入提取。在投资收入核算中，只考虑了属于投保人的投资收入，而没有考虑养老金权益的应付投资收入和属于投资基金股东集体的投资收入。在地租的核算中，只考虑了地下资产的地租，没有考虑土地的地租。

（八）最终消费支出与实际最终消费

2008年SNA区分了最终消费支出和实际最终消费两种不同的消费概念。在中国现行国民经济核算体系中，消费项目名称虽然为"最终消费支出"，但其含义实际上介于SNA的"最终消费支出"和"实际最终消费"之间。住户"最终消费支出"中包括了一部分属于住户获得的实物社会转移的内容，如公费医疗消费支出、家电下乡补贴等，但又没有包括完全。

（九）研究与开发的资本化

2008 年 SNA 将研究与开发活动视为独立的生产活动并计算其产出，研发支出作为固定资本形成处理。中国现行国民经济核算体系仍主要采用 1993 年 SNA 的建议，没有将全部研发活动都视为生产活动，也没有将研发支出记录为固定资本形成，而主要作为中间投入处理。

（十）资产分类的修订

2008 年 SNA 对资产的分类进行了修订，其中非金融资产的分类修订幅度还比较大。中国现行国民经济核算体系中的资产分类与 2008 年 SNA 有较大差距，非金融资产分类太粗，金融资产分类虽然较细，但在具体类别上与 SNA 的差异较大。

（十一）供给和使用表

2008 年 SNA 建议，应该编制供给和使用表，并将其作为 GDP 核算的基准，平衡生产法 GDP、收入法 GDP 和支出法 GDP。目前中国还没有正式编制 SNA 意义上的供给和使用表，也没有利用供给—使用框架平衡三种不同方法计算的 GDP。

（十二）物量核算

2008 年 SNA 建议使用链式的费氏或拉氏物量指数来计算不变价 GDP。在中国现行国民经济核算体系中，不变价 GDP 及其构成项利用固定基期的拉氏物量指数计算，没有采用链式指数方法。

四、SNA 的修订对中国国民经济核算体系改革的几点启示

（一）拟定问题清单，确定改革重点

在 1993 年 SNA 修订初期，国际国民经济核算工作组就确定了一个包括 45 个核心问题的修订清单。此后的修订过程都是围绕这 45 个核心问题展开

的。在中国国民经济核算体系改革中,有必要效仿这一做法,首先拟定出一份中国国民经济核算体系的修订问题清单,以清单上列出的问题作为中国国民经济核算体系改革的重点。这份问题清单不需要面面俱到,但是要列示出中国国民经济核算体系改革需要解决的一些重要问题,并对特别重要的问题给予优先考虑。

(二) 注意与其他统计标准的协调和衔接

1993年SNA的修订特别注重与其他国际统计标准的协调和衔接,实践证明这是一种非常有益的做法。在中国国民经济核算体系的改革中,也应特别关注这一点。一是要关注与2008年SNA等国际统计标准的衔接,提高数据的国际可比性;二是要关注与国家统计局内部各项统计标准的衔接,如行业分类标准、产品分类标准等;三是要关注与其他部委相关统计标准的衔接,如国际收支平衡统计制度、政府财政统计制度、货币金融统计制度等。

(三) 应保证广泛的参与性和充分的透明性

1993年SNA的修订吸引了来自多个国际组织和众多国家统计机构的数百名国民经济核算专家参与,大家借助于研讨会、电子讨论组、SNA修订网站等手段,就修订的各方面问题展开了充分的讨论。历次讨论的相关文献,都及时公布在了SNA修订网站上,在最大程度上保证了修订过程的透明性。实践证明,这是一种非常行之有效的方法,对于保证修订过程高效有序地进行起到了重要作用。在中国国民经济核算体系改革中,可借鉴这种工作思路。在组织机构上,可由国家统计局牵头,联合发改委、财政部、中国人民银行、海关总署以及部分研究机构等,组成中国国民经济核算体系改革领导小组,下设若干主题工作小组,充分吸收国内各界国民经济核算专家和学者的参与。在改革过程中,可在国家统计局网站设立专题栏目,以保证实施过程的透明性。

（四）要充分考虑中国的国情

2008年SNA虽然是一个国际通行的标准，但客观地说它还是更多地反映了西方发达国家的经济情况，对于中国等发展中国家的一些特殊国情没有给予充分考虑。同时，2008年SNA也具有一定的灵活性，允许各国根据自己的实际情况灵活把握。实际上，很少有国家全盘照搬SNA，即使像美国、加拿大、澳大利亚这些国民经济核算开展较好的发达国家，其国民经济核算体系与SNA之间也存在不同程度的差异。我国在参照2008年SNA对中国国民经济核算体系进行改革的过程中，应把SNA的原则性规定跟中国的具体国情结合起来，综合考虑，找出适合我国国情的处理方法，以客观反映中国经济发展的实际情况。

参 考 文 献

[1] 联合国等编，国家统计局国民经济核算司译：国民经济核算体系（1993）[M]，北京，中国统计出版社，1995。

[2] 国家统计局：中国国民经济核算体系（2002）[M]，北京，中国统计出版社，2003。

[3] 国民经济核算司1993年SNA修订问题研究小组：1993年SNA修订问题综述——1993年SNA修订问题研究系列之一[J]，统计研究，2006(3)。

[4] 国民经济核算司1993年SNA修订问题研究小组：关于矿藏勘探问题——1993年SNA修订问题研究系列之二[J]，统计研究，2006(4)。

[5] 国民经济核算司1993年SNA修订问题研究小组：关于雇员股票期权的核算——1993年SNA修订问题研究系列之三[J]，统计研究，2006(5)。

[6] 国民经济核算司1993年SNA修订问题研究小组：关于无形资产的处理问题——1993年SNA修订问题研究系列之四[J]，统计研究，2006(6)。

[7] 国民经济核算司1993年SNA修订问题研究小组：有关土地及土地改良的处理方

法——1993 年 SNA 修订问题研究系列之五[J],统计研究,2006(7)。

[8] 国民经济核算司 1993 年 SNA 修订问题研究小组:高通货膨胀条件下的利息核算——1993 年 SNA 修订问题研究系列之六[J],统计研究,2006(8)。

[9] 国民经济核算司 1993 年 SNA 修订问题研究小组:呆坏账核算的修订及其对我国核算影响的研究——1993 年 SNA 修订问题研究系列之七[J],统计研究,2006(9)。

[10] 杨仲山,何强:国民经济核算体系(1993)的修订、影响及启示[J],统计研究,2008(9)。

[11] 许涤龙,周光洪:SNA 关于金融工具核算方法的修订[J],统计研究,2009(9)。

[12] 刘伟:2008 SNA 对非金融资产的修订及影响分析[J],统计研究,2010(11)。

[13] 刘伟:2008 SNA 关于统计单位和机构修订的创新及启示[J],统计与决策,2011(8)。

[14] United Nations, European Commission, International Monetary Fund, Organization for Economic Co-operation and Development, World Bank: System of National Accounts, 2008, New York, 2009.

SNA 关于机构部门分类的修订与中国机构部门分类的改革研究

韩 丹

一、引言

《国民账户体系(2008)》(简称 2008 年 SNA)沿袭了《国民账户体系(1993)》(简称 1993 年 SNA)的基本理论框架,修订的重点在于重要指标的澄清和核算方法的创新,对经济发展中出现的一些重要的新情况提出处理建议,对一些国际关注的焦点、热点问题进行详细阐述。机构部门和机构单位是国民经济核算的基础,2008 年 SNA 在这些方面的修订使之更好地适应经济和社会环境的变化,具有重要意义。

本文通过比较 2008 年 SNA 相对于 1993 年 SNA 关于机构部门分类的变化,研究对中国现行国民经济核算体系中的机构部门分类进行相应调整的可行性。本文第二部分系统地梳理了 2008 年 SNA 关于机构部门分类的重点修订内容;第三部分是关于中国现行国民经济核算体系的机构部门分类调整的一些思考。

二、2008 年 SNA 关于机构单位和机构部门分类的修订

2008 年 SNA 对机构单位的一些概念进行了澄清,对机构单位分类作了一些具体的修订,主要内容如下:

(一)在一定条件下,从事辅助活动的生产单位应被确认为单独的机构单位

辅助活动是企业主要活动的附带活动,为企业生产的有效运行提供基础性服务。它的主要特点是:(1)活动的产出仅在企业内部使用;(2)活动的性质具有普遍性,即各类生产活动都有可能对这项活动加以投入;(3)产出的形式一般为服务;(4)与企业主要或次要活动相比,产出价值通常较小。

1993 年 SNA 认为,从事辅助活动的单位不是独立的机构单位,而应被视为母公司的一个组成部分。辅助活动作为主要活动或次要活动的一个组成部分,其产出和产出的使用不单独记录;同时,辅助活动的中间投入也无法从它所支持的主要活动或次要活动中分离出来,因此辅助活动的增加值也无法确定。

2008 年 SNA 建议,如果辅助活动及其产出的使用都在同一个产业活动单位中,则应把辅助活动和相关的主要或次要活动视为一体,不单独记录。如果从事辅助活动的单位建立了独立账目,或者与所服务的产业活动单位分处不同的地理位置,则它可以被视为一个单独的机构单位,并应根据其主要活动归入相应的产业类别。

对于单独认定的辅助活动生产单位,2008 年 SNA 建议采用成本法计算其总产出。其产出在各产业活动单位中的使用可以参照一定的指标,如产业活动单位的产出、增加值或者劳动力数目等来分配。

(二)和母公司在同一经济体中的虚拟子公司不应作为机构单位

虚拟子公司是由母公司设立的,完全为其自身利益服务(如避税或破产

时使负债最小化等)而进行一些辅助活动的公司。例如,母公司为避税而建立的结算中心就属于虚拟子公司的性质。

1993年SNA没有提及"虚拟子公司",只是在对附属公司的描述中提及了类似的活动单位。2008年SNA明确提出了"虚拟子公司"概念,认为虚拟子公司不满足SNA关于机构单位的定义。因为它们缺乏独立于母公司的行动能力,而且,它们的产出量和产出价格都是由作为其唯一客户的母公司(或同一集团中的其他公司)决定的。因此,如果虚拟子公司和母公司在同一经济体中,这类公司就不能作为独立的机构单位,而应被视为母公司的一部分。

(三)非常住单位的分支机构可被视为机构单位

非常住单位的分支机构是指非常住单位拥有的非法人企业,如某大型桥梁、水坝、电厂项目在本地设立的现场机构等。

1993年SNA没有明确提出分支机构这一概念,但在准公司的分类中对其有所描述。2008年SNA明确提出了"分支机构"概念,并明确了"分支机构"作为所在地的机构单位需要满足的条件:首先,分支机构已经或能够编制包括资产负债表在内的全套账户,具备了独立的财务记录。另外,还应具备以下一个或两个要素:(1)分支机构在与总部所在地不同的经济领土内从事了一年或一年以上的生产活动;(2)分支机构的生产活动要受所在地所得税制度的管理。

(四)明确跨经济领土企业的常住性

有一些特殊的企业,它们在多个经济领土上连续运营,且运营过程不可分割,因此无法将企业根据不同的经济领土拆分成各个独立的机构单位,如航空公司、远洋运输公司等。

1993年SNA认为,如果这些经营流动设备的单位的业务经常且连续地在两个以上的经济领土中进行,那么在每个经济领土中都应有常住单位。但是1993年SNA并没有明确指出,如果这些常住单位没有独立的账户,如何在它们之间分配生产活动。

2008年SNA针对这一情况,提出如果无法确认母公司或独立的分支机构属于哪个经济体,可以把整个企业的某一运营指标(如营业收入)按比例分配给各个经济领土。

(五)区分总部和控股公司

在现实中,控股公司有两类完全不同的单位,一类是"总部"(Head Office),另一类是真正意义上的"控股公司"(Holding Company)。

1. 总部

总部对旗下各子公司实施监督和管理,承担战略规划、决策制定的职能,并对相关单位进行日常运营管理。总部的活动属于ISIC(第四版)的"专业、科学与技术活动"(M门类)下的"总部活动"(7010小类)的范畴。

2. 控股公司

控股公司通过持有子公司一定比例的资产对子公司进行控制,它不对所控股的企业进行日常的生产运营和管理,也不对所控股企业的业务提供任何其他的服务。控股公司的活动属于ISIC(第四版)的"金融和保险活动"(K门类)下的"控股公司活动"(6420小类)的范畴。

1993年SNA提及控股公司时,认为其主要职能是控制并管理子公司的生产活动。这与2008年SNA中"总部"的概念比较接近。2008年SNA对于总部和控股公司及其所属机构部门提出了更明确的处理:对于总部,应根据子公司的主要活动归入相应的机构部门;对于控股公司,应归入金融公司部门,处理为专属金融机构。

(六)特殊目的实体(SPEs)

"特殊目的实体"是2008年SNA提出的一个新名词。尽管国际上对特殊目的实体还没有一个通用的定义,但是 2008 年 SNA 指出了特殊目的实体的一些特点:(1)通常没有雇员,也没有非金融资产;(2)通常以另一个公司的子公司的形式存在,但与其关联公司分属不同的经济领土;(3)由其他公司的员工负责日常管理,通过向母公司或其他关联公司收取费用来支付日常管理所发生的全部费用。

2008 年 SNA 认为,一般情况下,这类实体应被视为一个机构单位,并根据其主营业务活动归属到相应的机构部门和产业部门。但以下三种特例被赋予了专门名称,以区别于其他特殊目的实体:

(1)专属金融机构。上述提及的控股公司就是其中的一个例子。此外,诸如投资和养老基金、为个人和家庭持有和管理财富的单位、为资产证券化而持有资产的单位、代表关联公司发行债券的单位等一些具有特殊目的实体特点的单位也要处理为专属金融机构。

(2)虚拟子公司。某些实体不能独立于母公司运作,仅作为一个资产和负债的被动持有者,被称为处于"自动驾驶"状态的被动型特殊目的实体。当这类实体与母公司处于同一经济体内,就被称为"虚拟子公司",它不是一个独立的机构单位。

(3)一般政府的特殊目的实体。一般政府的特殊目的实体是由一般政府成立的,不能独立于政府运作,所能从事的交易范围也受到限制。它不需要承担(或获得)与所持有负债(或资产)相联系的风险(收益)。如果此类单位是常住者,则作为一般政府的一部分处理,不应作为独立单位。

(七)将隶属政府或公司的非营利机构(NPI)划分为子部门

非营利机构(NPI)是一种以法律或社会实体形式存在的机构单位。其"非营利"的性质决定了它的成立者、控制方或者出资人都不能从其运营中获得收入、利润或其他财务收益;但这并不意味着 NPI 不能通过生产活动创造营业盈余。

NPI 既可以从事市场生产,也可以从事非市场生产。大多数国家的大多数 NPI 是非市场生产者。对于从事非市场生产的 NPI,又可以划分为两类:一类是由政府控制并且主要由政府资助的 NPI;另一类是不受政府控制的非市场 NPI,后者免费或以远低于市场价的价格向住户提供货物或服务,被称为"为住户服务的非营利机构"(NPISH)。

1993 年 SNA 按照机构单位是否从事市场生产的标准,将 NPI 划分到不同的机构部门,只有 NPISH 是自成一类的机构部门,其他 NPI 则根据其所开展的生产活动或提供的服务归入到相应的机构部门中去。

为便于更好地研究分析 NPI 的活动,2008 年 SNA 将公司部门和政府部门下的 NPI 划分出来,成为各部门下的独立的子部门。因此,对于这些机构部门来说,在原有的子部门划分基础上形成了机构部门的交叉分类,以满足不同的研究需求。

(八) 扩展了金融服务的定义

1993 年 SNA 将金融公司部门定义为:主要从事金融中介以及与金融中介密切相关的辅助金融活动的所有常住公司和准公司。只有当非法人金融企业具备了金融中介或金融中介附属机构的资格以及准法人公司的资格时,才能被归并到金融公司部门。放债者、货币兑换人以及从事小规模金融活动的个人通常不具备资格,从而不能被列入金融公司部门。

2008 年 SNA 扩展了金融服务的定义,认为金融公司部门包括所有主要从事提供金融服务活动(包括保险、养老基金服务等)的常住公司。构成金融公司部门的常住单位包括以下类型:(1) 所有的常住金融公司(SNA 所理解的公司,不限于依法成立的公司),无论其股东的常住性如何;(2) 非常住企业在经济领土内长期从事金融活动的分支机构;(3) 作为金融服务市场生产者的所有常住的非营利机构。

随着金融服务的不断创新,传统上由金融公司开展的一些金融服务,如今也可由非金融企业直接开展。例如,货物生产企业或者零售商直接向消费者提供消费信贷,非金融企业直接在资本市场出售证券用以融资等。基于金融服务定义的扩展,2008年SNA认可非金融公司提供的金融服务。然而,如果这类企业虽然已开展金融服务活动,但没有成立一个新的机构单位(如子公司)来从事金融活动,并且金融活动在企业中仍属次要活动的话,它们仍然被划入非金融公司的范畴。

(九)修订了金融公司部门的子部门

金融公司是主要向其他机构单位提供金融服务,包括保险和养老基金服务的所有公司和准公司。金融公司可分为三大类:金融中介、金融辅助机构和其他金融公司。

1993年SNA关于金融公司部门的子部门划分如下:(1)中央银行;(2)其他存款公司;(3)保险公司和养老基金(ICPFs)以外的其他金融中介;(4)金融附属机构;(5)保险公司和养老基金。

2008年SNA关于金融公司子部门的划分有了更为清晰和详细的指导建议:

首先,2008年SNA提出了多种划分方式,认为金融公司部门既可以根据金融活动的性质来划分,也可根据其是否是非营利机构来划分,还可以根据控制权归谁所有来划分,这种交叉型的分类有利于统计部门和研究机构根据不同需求归并相应的子部门。

其次,根据机构单位在市场上的活动类型及其负债的流动性,2008年SNA将金融公司部门划分为9个子部门,分别是:(1)中央银行;(2)中央银行以外的存款性公司;(3)货币市场基金(MMF);(4)非MMF投资基金;

(5)保险公司和养老基金以外的其他金融中介机构;(6)金融辅助机构;(7)专属金融机构和贷款人;(8)保险公司(IC);(9)养老基金(PF)。不同的子部门对应不同的金融活动类型,其中,子部门(6)对应金融辅助活动,子部门(7)对应其他金融活动,其余所有子部门对应不同种类的金融中介活动。

2008年SNA对金融公司子部门采取更详细的分类,是为了更好地与IMF等制定的货币金融统计体系衔接,具体体现在以下几个方面:

1. 将货币市场基金(MMF)划为独立的子部门。由于MMF的性质与其他存款性公司更为接近,有些国家将货币市场基金也纳入货币总量,这种情况下将MMF单独划分为一个子部门,可使SNA关于金融公司的分类能够与不同国家的货币定义相匹配。

2. 非MMF投资基金作为独立的子部门。非MMF投资基金与MMF的区别在于,所得款项主要投资于长期金融资产和非金融资产(不动产)。非MMF投资基金的投资工具决定了非MMF投资基金性质更接近于保险公司和养老基金以外的其他金融中介机构。

3. 专属金融机构和贷款人单独作为一个子部门。专属金融机构和贷款人是提供金融服务的机构单位,其大部分资产或负债不在公开市场上交易。这类机构包括只在少数单位(如子公司)内部进行交易的实体或者以自有资金提供贷款的实体,专属金融机构和贷款人只为一个有限的群体服务,如只持有子公司资产的控股公司。

三、关于中国现行国民经济核算体系机构单位和机构部门分类的调整建议

结合2008年SNA的建议和中国国民经济核算的实际情况,关于机构单位和机构部门分类的调整提出以下若干建议。

(一)关于机构单位的调整

1. 部分从事辅助活动的生产单位确认为独立的机构单位

1993年SNA对辅助活动的产出不单独区分和记录,对产出的使用也不作记录,将辅助活动的中间投入视为对它所支持的主要活动或次要活动的中间投入,辅助活动的增加值与其主要活动或次要活动混在一起,无法单独区分。但是某些服务活动,如运输活动,经常作为企业的辅助活动。采用1993年SNA的处理方法,无法全面反映其在经济体系中的作用。因此,2008年SNA建议将满足一定条件的从事辅助活动的单位作为独立的机构单位。

同时,2008年SNA建议,如果缺乏足够的基础资料,就没有必要人为估算辅助活动的产出和增加值。中国目前统计调查的基本单位是法人单位,从事辅助活动的生产单位绝大多数不具备独立账目,计算辅助活动的产出和增加值存在一定的困难。要想采纳2008年SNA的建议计算辅助活动的产出,还需进一步细化统计调查的基本单位,搜集从事辅助活动的生产单位的财务资料。

2. 非常住单位的分支机构可视为独立的机构单位

根据2008年SNA的建议,非常住单位的分支机构应被视为独立的机构单位,这意味着非常住单位的分支机构的产出也在相应行业的核算范围内。中国现行国民经济核算体系与2008年SNA在这一点上是基本一致的,尤其在涉及地区国民经济核算的方面。例如,A省某机构单位在B省从事大型工程建设,那么该机构单位在A省的产出核算应剔除在B省的大型工程的产出(该产出记入B省对应的行业)。

(二)关于机构单位的其他调整

1. 跨领土企业的常住性

航空公司、远洋运输公司、海底隧道等跨领土企业的运营过程是连贯而不可分割的。如果这类企业无法拆分为不同经济领土上的子公司或者母子公司时,2008年SNA明确建议可将整个企业的某一运营指标(如营业收入)按比例分配给各经济领土。中国现行的地区增加值核算仍在执行1993年SNA的建议,对于无法拆分的跨地区经济活动,根据企业的注册地,将产出全部核算在企业注册所在地。随着2008年SNA的逐步实施,跨地区企业的产出核算方法也应做出相应改进。

2. 总部和控股公司的区分

中国现行国民经济核算体系采纳1993年SNA的建议,将控制并指挥子公司,而自己不进行大规模生产活动的企业集团本部全部计入1993年SNA关于"控股公司"的范畴,这与2008年SNA中"总部"的概念比较接近。

2008年国家第二次经济普查就企业集团本部的处理方法作了规定,企业集团本部如果具有法人资格,但自己不从事对外经营活动,则企业集团本部归入"企业管理机构",单独填报法人单位普查表。这种分类是比较粗略的,而且将总部和控股公司的活动全部归入商务服务业,可能会造成金融业产出被低估,而商务服务业产出被高估。因此中国国民经济核算体系的修订应当采纳2008年SNA的建议,把总部与控股公司区分开来,对于总部,应根据子公司的主要活动归入相应的机构部门;对于控股公司,则应归入金融公司部门。

3. 金融服务定义的扩展

2008年SNA扩展了金融服务的定义,扩大了金融公司部门的范围。金融服务的产出范畴在原来的金融中介及辅助性活动基础上又增加了金融风险管理和流动性转换,个人或住户利用自有资金从事借贷活动被纳入金融中介服务范畴。

近年来,中国的民间借贷活动十分活跃,规模不断攀升,尤其在非公有制经济较发达的地区,民间借贷有着相当的规模和影响。同时,随着金融市场的深化发展,各种金融衍生工具纷纷涌现,金融交易不再仅仅作为实体经济活动的资金结算手段,金融活动的范畴也越来越广。因此,中国国民经济核算体系也要对金融服务核算做出相应的改进,将各种新型金融工具纳入核算范畴,全面描述金融服务状况以及金融服务对整个国民经济的影响。

(三) 关于机构部门分类的调整

2008年SNA将构成经济总体的所有常住机构单位划分为五个相互独立的机构部门:非金融公司部门、金融公司部门、一般政府部门、为住户服务的非营利机构部门和住户部门。

为住户服务的非营利机构是不受政府控制的非市场生产者,包括工会,专业或学术协会,消费者协会,政党,教会及社交文化、娱乐和体育俱乐部,以及公众、企业、政府单位、非常住单位等以现金或实物提供资助的慈善、救济和援助组织等。由于中国的国情,上述的非营利机构多数为政府所辖的事业单位,因此,从可行性的角度出发,《中国国民经济核算体系(2002)》设置了非金融企业部门、金融机构部门、政府部门、住户部门等四个机构部门,为住户服务的非营利机构部门划入了政府部门,没有单独列出。但是,根据近几年来非政府组织发展的情况,以及国际比较的需要,可以考虑将为住户服务的非营利机构部门从政府部门中单独划分出来。

(四) 关于子部门的划分调整

2008年SNA关于子部门的划分有两个新的变化:(1) 非营利机构可作为政府、公司等机构部门的子部门;(2) 修订了金融公司部门的分类,由原来的5个子部门增加至9个子部门。

根据2008年SNA的建议,每个机构部门都可划分为交叉分类的若干子部门。例如,金融公司部门可以同时按金融活动的性质、是否为非营利机构、是否受政府或国外控制这几种方式的一种或几种来划分子部门。子部门的划分取决于研究分析的需求、政策制定的需求、数据资料的满足程度等因素。

中国目前的机构部门账户的子部门分类如下:非金融企业部门划分为工业企业和其他非金融企业两个子部门;金融机构部门划分为银行、证券、保险、其他金融机构四个子部门;政府部门划分为中央政府和地方政府两个子部门;住户部门划分为农村住户和城镇住户两个子部门。对中国的机构部门的划分,主要还是为了分析机构部门各自的经济活动以及机构部门之间的经济联系。比起国际标准,中国目前关于机构部门的划分方法还比较单一,可以考虑在资料可获得性的前提下,丰富机构部门划分标准,调整和细化子机构部门分类,为政府的经济和社会政策制定提供相关的数据支持。

参 考 文 献

[1] 国家统计局:中国国民经济核算体系(2002)[M],北京,中国统计出版社,2003。

[2] 刘伟:2008 SNA 关于统计单位和机构修订的创新及启示[J],统计与决策,2011(8)。

[3] 许宪春:中国国民经济核算的新发展和 SNA 修订的挑战[J],统计与信息论坛,2007(1)。

[4] 联合国等编,国家统计局国民经济核算司译:国民经济核算体系(1993)[M],北京,中国统计出版社,1995。

[5] 国际货币基金组织:国际收支和国际投资头寸手册(第六版),2009。

[6] 许宪春:中国新国民经济核算体系与1993年 SNA 的若干区别(续一)[J],统计研究,1994(6)。

[7] 杨仲山,何强:国民经济核算体系(1993)的修订、影响及启示[J],统计研究,2008(9)。

[8] United Nations, European Commission, International Monetary Fund, Organization for Economic Co-operation and Development, World Bank: System of National Accounts, 2008, New York, 2009.

SNA 的修订对 GDP 核算的影响研究

吕　峰

2009 年,联合国、欧盟、国际货币基金组织、经济合作与发展组织、世界银行等五个国际组织联合发布了国民经济核算新的国际标准——2008 年 SNA,并鼓励各国在国民经济核算工作中采用这一新的国际标准。相对于上一个国际标准,即 1993 年 SNA 而言,2008 年 SNA 虽然没有发生根本性的和结构性的变化,但在资产、金融服务、全球化相关问题的处理等方面还是有不少具体的变化,其中一些变化将影响到国内生产总值(GDP)的核算。本文对 2008 年 SNA 的变化对 GDP 核算的影响进行分析研究,同时结合中国的实际情况分析了这些变化对中国 GDP 核算可能产生的影响,并提出了对中国 GDP 核算改革的建议。

一、2008 年 SNA 的修订对 GDP 核算的影响

(一) 研究与开发支出

研究与开发支出是指为了增加知识储备并利用这种知识储备进行新的开发应用,系统性地从事创造性工作而支出的价值。研究与开发支出的成果

一般是以各种知识产权产品的形式出现。随着经济、社会和科技的发展,研究与开发活动在经济发展中的作用越来越重要,研究与开发支出在企业总支出中的比重也越来越大。

1993 年 SNA 虽然承认研究与开发活动可以为未来带来收益,且不是一种仅用于当期生产的投入,但鉴于研究与开发支出不易识别、计量和估价,因此把研发支出作为中间消耗处理,不计入 GDP。近年来,研究与开发成果在现代经济发展中的资产属性越来越明显,研究与开发支出的计量和测算方法获得了长足发展,因此 2008 年 SNA 把研究与开发支出作为资本形成的一部分,计入 GDP 中。这种处理方法的变化,会使 GDP 核算结果增大。

(二) 武器系统支出

武器系统支出主要包括用于军事目的的运载工具和其他设备,如军舰、潜水艇、军用飞机、坦克、导弹承载与发射装置等。

1993 年 SNA 认为,生产这些装置主要是用于战斗,而在实际用于战斗时,它们是用于破坏而不是生产,因此武器系统支出不应被视为资本形成,而是应作为中间消耗处理,不计入 GDP。2008 年 SNA 则认为,武器系统在国防服务中被连续使用,它们的存在为人们提供了一个和平的环境,使人们从中受益,因此应被作为资产处理。相应的,武器系统支出应该作为固定资本形成的一部分,计入 GDP。这种处理方法的变化,会使 GDP 变大。

(三) 间接计算的金融中介服务

金融中介机构(主要是各类商业银行)提供的金融中介活动(主要是存款和贷款活动),为存款人和贷款人提供了便利,但这种服务活动的产出很难直接观测到,因为银行采用了隐含的收费方式。以存款活动为例,从表面看,存款人不但不用支付服务费,反而还能按照存款利率从银行收取利息。而实际上,如果不存在银行这类金融中介机构,存款人直接把钱借给贷款人,则会得到比上述利息更高的利息收入。这种利息收入对应的是一个理论上的利率,SNA 称为"参考利率"。参考利率高于实际的存款利率。从这个意义上讲,银行不是没有收取服务费,而是自己把服务费先扣掉了,其数值等于存款额乘以参考利率与存款利率的差值。贷款活动的情况类似。银行在存贷款活动中提供的这种服务称为"间接计算的金融中介服务"(Financial Intermediation Service Indirectly Measured, FISIM)。

在 1993 年 SNA 中,FISIM 的计算方法为:

FISIM = 应收利息收入 − 应付利息支出 + 红利等其他财产收入

2008 年 SNA 中,FISIM 改为用更贴近其定义的参考利率法计算,公式为:

FISIM = 存款额 × (参考利率 − 存款利率) + 贷款额 × (贷款利率 − 参考利率)
　　　 = 应收利息收入 − 应付利息支出 + (存款额 − 贷款额) × 参考利率

从上述公式可以看出,两种方法的结果是不同的,如果要比较大小的话,就要看银行的红利等除利息外的其他财产收入是否大于参考利率与存贷款差额之间的乘积。一般而言,两者不会完全相等,但差距不会过大。如果按照 2008 年 SNA 中方法计算的结果大于 1993 年 SNA 中方法计算的结果,那么金融业总产出和增加值的数值便都会变大。但由于 FISIM 中的一大部分还要被其他行业作为金融服务消耗掉,因此其他行业的中间消耗会变大,进而导致增加值变小。总体而言,GDP 会变大,但幅度远小于 FISIM 的变化幅度。

(四)非寿险服务总产出

非寿险服务是指除人寿保险服务以外的保险业务,主要包括财产损失保险、责任保险、信用保险、短期健康保险和意外伤害保险业务,以及上述业务的再保险业务。在非寿险保单下,保险公司接收并留存客户的保费,直至做出赔付或保险到期为止。同时,保险公司会将保费用于投资,投资收入成为弥补应付索赔的一项额外资金来源。在 SNA 中,这种投资收入被视为属于投保人的一项收入,投保人将其作为一种追加保费又付还给保险公司。

在 1993 年 SNA 中,非寿险服务总产出等于实收保费加上追加保费再减去实际赔付。对于大多数年份而言,用这种方法计算的非寿险服务总产出没有问题。但是在发生巨大灾难,产生巨额保险赔付的年份,非寿险服务的总产出会出现剧烈下降,甚至出现负值。此外,追加保费来自保险公司的投资收入,投资收入在资本市场激烈动荡的年份也会出现数据不稳定的现象。鉴于上述情况,2008 年 SNA 对非寿险服务总产出的计算方法做出了改进,用调整后追加保费和调整后赔付来分别代替追加保费和实际赔付。调整后追加保费和调整后赔付可以利用统计技术对历史数据进行平滑后得到。采用 2008 年 SNA 的新方法后,有些年份的 GDP 可能会发生变化。例如,对于发生巨灾的年份,调整后赔付会小于实际赔付,从而按 2008 年 SNA 提出的方法得到的非寿险服务总产出会大于按 1993 年 SNA 提出的方法得到的结果,非寿险服务增加值和 GDP 也会相应变大。但对于相邻几个年份的数据而言,调整后赔付会大于实际赔付,从而按 2008 年 SNA 提出的方法得到的非寿险服务产出、非寿险服务增加值和 GDP 都会小于按 1993 年 SNA 提出的方法得到的结果。

(五) 雇员股票期权

雇员股票期权是指企业给予其雇员在将来某一时间按某一设定价格购买本公司股票的选择权,持有这种权利的人员可以在规定的时期内以股票期权合约的敲定价格购买一定数量的股票,并有权在一定时期以后将所购入的股票在市场上出售,以获取利润。它萌芽于 20 世纪 70 年代的美国,在 90 年代获得长足的发展。现在,它已经成为企业激励员工的一种重要手段,并在发达国家获得广泛应用。

在1993年SNA制定时,雇员股票期权的应用还不是非常广泛,因此1993年SNA没有就雇员股票期权的处理给出指导意见。随着雇员股票期权的应用越来越广泛,国际上逐渐达成共识,雇员股票期权应该作为雇员报酬的一种形式来处理。2008年SNA对此给出了明确的指导意见,将雇员股票期权记录为雇员报酬中实物工资和薪金的一种。雇员股票期权作为雇员报酬处理,并不会改变GDP的大小,但是会改变收入法GDP的结构。采用2008年SNA提出的方法后,GDP中雇员报酬的比重会上升,营业盈余的比重会下降。

二、对中国GDP的影响分析

目前,中国GDP核算主要是建立在1993年SNA的基础上,但在近年的GDP核算方法改革中,也有限度地吸收了部分2008年SNA的方法。在上述五个方面的变化中,中国在间接计算的金融中介服务的核算上已经与2008年SNA接轨,在其他四个方面还保留1993年SNA的方法。

(一)研究与开发支出

在目前的中国GDP核算中,主要采用1993年SNA推荐的方法,没有将研发支出记录为固定资本形成,而是作为中间消耗处理。如果采用2008年SNA推荐的新方法,把研究与开发支出作为资本形成处理,计入GDP,中国的GDP会有一定程度的上升,同时,投资率会上升,消费率会下降。

(二)武器系统支出

中国GDP核算中,资本形成总额的计算是在固定资产投资的基础上,扣除其中不属于资本形成的购置土地、旧建筑物等价值,再加上一部分未纳入固定资产投资统计范围的资本形成项目得到的。在固定资产投资统计中,没有将武器系统支出包括在内,因此中国GDP核算中,资本形成总额部分也就没有把武器系统支出包括在内。如果要把武器系统支出纳入资本形成核算,中国的 GDP 会有一定程度的上升,同时,投资率会上升,消费率会下降。

（三）间接计算的金融中介服务

中国在第二次全国经济普查（2008 年）后,对 GDP 核算方法进行了系统性的修订,其中的主要改进之一就是开始采用 2008 年 SNA 推荐的参考利率法计算 FISIM。在此之前,FISIM 的计算采用 1993 年 SNA 推荐的方法。

（四）非寿险服务产出

中国目前采用的是 1993 年 SNA 推荐的方法,按照实收保费加追加保费减实际赔付计算非寿险服务产出。从近年的数据来看,保险赔付和投资收入较为平稳,没有大的波动。在这种情况下,采用 2008 年 SNA 的方法不会对现有结果产生明显影响。

（五）雇员股票期权

目前中国还没有开展过关于雇员股票期权的调查,也没有这方面的基础数据,因此在 GDP 核算中也没有单独考虑雇员股票期权的处理。假如有了基础数据,并将其作为劳动者报酬处理,那么中国 GDP 的总量不会改变,但劳动者报酬在 GDP 中所占比重会有所上升,营业盈余所占比重会有所下降。

三、对中国 GDP 核算改革的几点政策建议

（1）研究与开发支出的资本化是 2008 年 SNA 的重要变化之一,这种变化对 GDP 也会产生较为明显的影响。为保证我国 GDP 数据的国际可比性,更加科学地反映 GDP 中资本形成所占比重,建议在进一步完善现有研究与开发支出统计的基础上,在时机成熟时将其纳入 GDP 的核算范围。

（2）随着我国市场经济体制改革的逐步深入,雇员股票期权在我国已经成为一种越来越重要的员工激励手段,在员工薪酬中所占的比重也越来越大。为更加科学地反映劳动者报酬在 GDP 中的比重,建议我国着手建立雇员

股票期权统计制度,并在时机成熟时将其纳入 GDP 的核算范围。

（3）切实结合中国的实际情况,积极稳妥地推进 2008 年 SNA 在我国的实施。2008 年 SNA 中还有一些变化,虽然不会影响 GDP,但会对其他的重要总量指标产生影响,如国民总收入、可支配总收入、总储蓄等。建议国民经济核算理论研究和实际工作部门继续深入研究 2008 年 SNA 的新变化对我国国民经济核算可能产生的各种影响,并根据实际情况,将可以采纳的新方法有条件、有步骤地纳入我国的国民经济核算体系。

参 考 文 献

［1］联合国等编,国家统计局国民经济核算司译:国民经济核算体系(1993)［M］,北京,中国统计出版社,1995。

［2］国家统计局:中国国民经济核算体系(2002)［M］,北京,中国统计出版社,2003。

［3］国家统计局国民经济核算司:中国经济普查年度国内生产总值核算方法［M］,北京,中国统计出版社,2007。

［4］国家统计局国民经济核算司:中国非经济普查年度国内生产总值核算方法［M］,北京,中国统计出版社,2008。

［5］蒋萍:也谈 GDP 的口径与算法［J］,统计研究,2008(8)。

［6］国家统计局国民经济核算司:中国第二次经济普查年度国内生产总值核算方法［M］,内部资料,2011。

［7］蒋萍:核算制度缺陷、统计方法偏颇与经济总量失实［M］,北京,中国统计出版社,2011。

［8］蒋萍:FISIM 核算方法的演进与研究进展［J］,统计研究,2012(8)。

［9］United Nations, European Commission, International Monetary Fund, Organization for Economic Co-operation and Development, World Bank: System of National Accounts, 2008, New York, 2009.

SNA 关于固定资产范围的拓展对 GDP 核算的影响研究

魏媛媛

《国民账户体系(2008)》(简称 2008 年 SNA)对固定资产的范围进行了拓展,主要包括:将研究与开发(R&D)、军事武器系统、所有预期在生产中使用一年以上的数据库纳入固定资产范围。本文阐述了 2008 年 SNA 关于这些固定资产范围的拓展对国内生产总值(GDP)核算产生的影响,且就改进我国相关方面核算提出一些建议。

一、将研究与开发支出作为资本形成

(一) 2008 年 SNA 的变化

1993 年 SNA 承认研究与开发具有投资活动的性质,但是在实践中很难将研究与开发活动与其他具有类似特征的活动区分开来,也很难对研究与开发资产的价值以及折旧率进行准确估计。因此,1993 年 SNA 建议,将研究与开发活动生产的所有产出作为中间消耗来处理。[①]

---

① 1993 年 SNA,第 6 章,第 163 段。

2008年SNA建议,在通常情况下,应将研究与开发支出视为固定资本形成,除非这项活动明确地不会给其所有者带来任何经济利益。研究与开发不是一项辅助活动,应当尽可能为此单独设立一个基层单位。由于将研究与开发支出包含在资本形成中,专利权实体将不再单独划分为一类非生产资产,而是并入"研究与开发"项下。

2008年SNA建议,市场生产者为自身利益从事的研究与开发,原则上应按其如被商业转包所应支付的基本价格进行估价。但在实际中,这个价格很难得到,因此可能需要以生产总成本(包括生产中使用的固定资产成本)来估价。专门的商业性研究室或研究机构进行的研究与开发,应该按销售收入、合同收入、佣金收入、服务费等进行估价。政府单位、大学和非营利性研究机构等进行的研究与开发属于非市场生产活动,应以发生的总成本估价。[①]

(二) 对 GDP 的影响

对于企业部门来说,将研究与开发支出作为固定资本形成,将减少中间投入,增加增加值,从而导致生产法和收入法 GDP 增加。另外,从 GDP 使用核算的角度来看,将研究与开发支出作为资本形成处理,会增加资本形成总额,导致支出法 GDP 增加。对于政府部门和为住户服务的非营利机构部门来说,研究与开发支出已经包括在用成本法计算的总产出中,从而也包括在政府消费支出中。因此,将研究与开发支出资本化将使研究与开发支出从政府消费支出调整为固定资本形成,同时应将相应固定资产的固定资本消耗计入政府消费支出中,因此这部分固定资本消耗的计算也将导致 GDP 增加。因此,将研究与开发支出资本化将会导致我国 GDP 总量增加。此外,由于研究与开发支出占 GDP 的比重在年度之间的变化不会特别快,因此研究与开发支

---

① 2008年SNA,第6章,第207段,第10章,第103—105段。

出的资本化对GDP的实际增长速度不会产生特别大的影响。

将研究与开发支出资本化对GDP产生的影响主要取决于研究与开发生产活动规模相对于GDP的比重。一个近似的指标是一个国家R&D经费支出占GDP的比重。一般来说,R&D经费支出占GDP比重越高的国家,研究与开发支出资本化对GDP总量变化产生的影响就越大。但是,由于R&D经费支出的调查范围和国民核算框架下的R&D支出核算范围不完全一致,而且政府和非营利机构部门的R&D支出已经包括在这些部门的最终消费支出中,因此将研究与开发支出资本化对GDP产生的影响可能没有R&D经费支出占GDP的比重那么大。因此,R&D经费支出只是估计研究与开发支出资本化对GDP影响的一个参考指标,不能完全反映这一影响。

(三) 一些国家的实施情况

多年来,许多OECD国家,如美国、加拿大、澳大利亚、荷兰、芬兰等,已经编制了研究与开发卫星账户,通过卫星账户测算研究与开发支出资本化对经济可能产生的影响,为将研究与开发列入国民核算核心账户做好准备。目前,澳大利亚在2009年、加拿大在2012年、美国在2013年对本国GDP进行修订时将研究与开发支出列入了固定资本形成,欧盟统计局要求欧盟国家在2014年开始提供基于2008年SNA计算的新数据。这些国家测算研究与开发支出的基础资料来源主要是各国所开展的R&D经费支出调查,这些调查是依据OECD制定的《研究与试验发展调查实施标准:弗拉斯卡蒂手册》[①]开展的,调查的内容包括分机构部门、分行业的R&D经费支出及资金来源数据,其中R&D经费支出包括经常性支出和资本性支出。通常,R&D经费支出调查的口径范围与SNA框架下的R&D产出和资本形成的口径范围不完全一

---

① 《弗拉斯卡蒂手册》(Frascati Manual)对OECD成员国的R&D各项指标及其测度方法作了详尽的解说,包括R&D各项指标的定义、机构分类法则、领域分类、人员与经费的分类、调查方法与程序等。

致,主要区别在于对待固定资产的处理方式。R&D 经费支出调查中的资本性支出指的是调查单位为开展研究与开发活动而进行建造、购置、安装、改建、扩建固定资产等方面的支出。而 SNA 框架下用成本法计算的 R&D 产出应该包括研究与开发活动中对所使用的已有的固定资产的消耗,即研究设备折旧费用,不应该包括新固定资产购买等方面的支出。因此,各国在编制研究与开发卫星账户时,会对调查得到的 R&D 经费支出进行调整,以得到符合 2008年 SNA 概念的 R&D 资本形成数据。

在澳大利亚,将研究与开发支出资本化导致 2002—2008 年其 GDP 现价总量平均增加 1.43%。在加拿大,将研究与开发支出资本化导致 2007—2011年其 GDP 现价总量平均增加 1.29%。在美国,将研究与开发支出资本化导致 2002—2012 年其 GDP 现价总量平均增加 2.38%。OECD 在 2011 年年底对 OECD 国家实施 2008 年 SNA 的情况及可能带来的影响做了一个问卷调查。据成员国对问卷的回应,将研究与开发支出资本化将使 GDP 现价总量增加 0.3%—3.5%,且平均值为 1.5%左右,影响的大小取决于研究与开发活动占整体经济的比重。

(四)对我国 GDP 的影响

近年来,我国 R&D 经费支出不断增长,已经从 2000 年的 895.7 亿元增长到 2012 年的 10 298.4 亿元,占 GDP 的比重也逐渐增大,从 2000 年的 0.90%上升到 2012 年的 1.98%。因此,研究与开发支出资本化对我国 GDP 的影响也会逐步增大。

二、将军事武器系统支出作为资本形成

(一)2008 年 SNA 的变化

1993 年 SNA 建议,只有那些可用作民用生产目的的军事固定资产的支出才被记录为固定资本形成,包括军用房屋、道路、桥梁、机场、码头等建筑方面的支出,以及交通设备、通信设备、计算机方面的支出,只要这些设备不是武器或者武器传输系统的组成部分。另一方面,在破坏性武器及其运载设备方面的支出,包括火箭、导弹及其弹头、军舰、潜水艇、战斗机、轰炸机、装甲车等方面的支出,则不作为固定资本形成,而是计入政府最终消费支出,因为这种类型的活动是用于破坏而不是生产。[①]

2008年SNA扩展了生产资产范围,建议将符合固定资产的分类标准,即在一年以上的生产过程中被重复或连续使用的军事武器系统都归入固定资产范围。由武器或武器系统运送的单一用途的产品,如炸药、导弹、火箭、炸弹等,则被视为军事存货。不过,具有大规模杀伤性的某些类型的弹道导弹,可以提供威慑入侵者这种持续的服务,符合归入固定资产的一般标准,可以被记录为固定资产。这种处理与1993年SNA的规定不同。[②]

军事武器系统纳入固定资产后,军事武器系统的支出将从政府消费支出调整为固定资本形成,同时应将相应固定资产的固定资本消耗计入政府消费支出中。这部分固定资本消耗的计算将导致GDP略有上升。

（二）对我国和其他国家GDP的影响

目前,我国固定资本形成总额的计算基础是固定资产投资统计,军事武器系统方面的支出没有包括在固定资产投资统计的范围内,因此,固定资本形成总额也没有包括军事武器系统方面的支出,实施这项变化会使我国固定资本形成总额有所增加。

在我国,由于数据的敏感性,该数据暂时无法获取,因此,这项变化对经济总量变动的影响程度还很难估计。但从其他国家的已有数据来看,这项变

---

① 1993年SNA,第6章,第167—172段。
② 2008年SNA,第10章,第87、144段。

化对 GDP 的影响程度相当有限。在澳大利亚,近些年将军事武器系统支出纳入固定资本形成导致 GDP 现价总量增加不到 0.25%。在加拿大,近些年将军事武器系统支出纳入固定资本形成导致 GDP 现价总量增加不到 0.1%。OECD 国家的问卷也表明,大多数国家认为将军事武器系统支出纳入固定资本形成对 GDP 的影响不会很大,平均影响大概在 0.5% 左右。

三、将预期在生产中使用一年以上的所有数据库支出作为资本形成

(一) 2008 年 SNA 的变化

1993 年 SNA 建议,企业预期在生产中使用一年以上的计算机软件及大型数据库支出,不论是从市场上购买的,还是企业内部开发的,都作为固定资本形成处理。从市场上购买的软件按购买者价格估价,企业内部开发的软件按估算基本价格或生产成本估价。[①]

2008 年 SNA 将"计算机软件"类别修订为"计算机软件和数据库",并把该类别细分为"计算机软件"和"数据库"两个子类。2008 年 SNA 建议将所有预期在生产中使用一年以上的储存数据的数据库,不管是不是大型数据库,都确认为固定资产[②],这扩展了资产的范围,相应的支出作为固定资本形成处理。

(二) 对 GDP 的影响

将所有预期在生产中使用一年以上的数据库作为固定资产处理,将使得一些以前不记录为固定资本形成的小型数据库支出作为固定资本形成处理。这将减少中间投入,增加增加值,从而导致生产法和收入法 GDP 增加;同时,也会使固定资本形成总额增加,从而导致支出法 GDP 增加。

---

① 1993 年 SNA,第 10 章,第 92、93 段。
② 2008 年 SNA,第 10 章,第 110—114 段。

(三) 国际上和我国的现状

由于很难获得基础资料,许多国家并没有计算数据库方面的固定资本形成;有的国家,如澳大利亚,将数据库支出和计算机软件支出合并在一起进行测算,没有单独区分数据库方面的固定资本形成。

目前,我国在计算固定资本形成时,已经将计算机软件支出单独作为一类计算。但是,由于基础资料的限制,没有将数据库支出包括在固定资本形成中。在计算计算机软件固定资本形成时,由于难以取得各个单位关于计算机软件支出的资料,只能用计算机软件企业的软件销售收入数据代替支出来近似计算计算机软件固定资本形成数据,因此在固定资本形成总额中包括了企业从市场上购买软件的支出,但企业内部开发软件的支出则没有包括在内。

四、将知识产权产品原件和复制品视为不同的产品

(一) 2008 年 SNA 的变化

1993 年 SNA 认为书籍、唱片、影片、软件、磁盘等产品的生产过程应该分为原件的生产和复制品的生产两个阶段,并对其区分计算。但是,1993 年 SNA 没有就如何将原件和复制品作为不同产品核算给出指导意见。[①]

2008 年 SNA 将知识产权产品的原件和复制品视为不同的产品,并指出如果符合标准条件,原件和复制品均应被视为固定资产。2008 年 SNA 给出了在不同情况下的处理意见。对于原件,在市场上购买的按购买者价格估价,内部开发的按估算的基本价格或生产成本估价。对于复制品,SNA 建议,如果一件拷贝被一次性买断,以期在一年以上的生产中使用,或者经许可在

---

① 1993 年 SNA,第 6 章,第 143 段。

一年以上的生产中使用,并且获许可的一方承担了与所有权相关的全部风险和收益,则该拷贝应该被记录为固定资产;如果获许可使用的拷贝是在长期合约下通过定期付款购买的,且获许可一方被判定为已获得拷贝的经济所有权,则应视其获得了一项资产,如果没有长期合约,则付款应被视为对所使用拷贝的服务的支付;如果最初有一笔大额付款,然后在接下来的年份中有一系列相对小额的付款,那么最初的付款记作固定资本形成总额,接下来的付款则视为对服务的支付。①

(二) 我国和其他国家的现状

受基础资料的限制,许多国家并没有将娱乐、文学和艺术品原件支出作为资本形成处理,仅有少数国家如美国、英国等将娱乐、文学和艺术品原件支出作为固定资本形成处理。其中美国在 2013 年对国民收入和生产账户进行全面修订时将娱乐、文学和艺术品原件支出作为固定资本形成处理,使其 2012 年 GDP 现价总量增加了 0.47%。英国将娱乐、文学和艺术品原件支出作为固定资本形成处理,使其近些年的 GDP 现价总量增加了 0.3% 左右。

目前,受资料来源的限制,我国没有对知识产权产品的原件和复制品分别核算,也没有按照 SNA 的规定,将娱乐、文学和艺术品原件支出作为资本形成处理。将娱乐、文学和艺术品原件支出作为资本形成处理,将导致我国的中间投入减少,固定资本形成总额增加,从而导致 GDP 增加。

五、对我国 GDP 核算进行相应改进

实施 2008 年 SNA,拓展固定资产范围将会对我国 GDP 产生一定的影响。需要认真分析我国现有基础资料的现状,借鉴发达国家的经验,逐步对我国

---

① 2008 年 SNA,第 10 章,第 100、101 段。

GDP核算进行相应改进。

（一）确定优先实施的领域

2008年SNA由于对上述固定资产范围的拓展所引起的GDP核算的变化，许多基础资料难以获得，计算难度较大，有些方面国际上可供借鉴的经验非常有限。因此，应结合我国基础资料的可获得性以及对GDP影响程度的大小，来确定重点研究改进的内容及优先实施的顺序。从发达国家的情况来看，在固定资产范围的拓展所带来的影响中，研究与开发支出资本化对GDP的影响较大。许多发达国家已经或者计划在未来不久将研究与开发支出纳入GDP核算，它们也有一些编制研究与开发卫星账户的经验可供我们借鉴。因此，我们应该重点研究将研究与开发支出纳入GDP的问题。对于其他一些修订，如将数据库、娱乐、文学和艺术品原件支出纳入资本形成范围，由于基础数据难以获得，即使是许多发达国家目前或近期也没有将其列入修订计划中，因此我们可以暂时不对其进行修订。

（二）充分挖掘现有基础资料

目前，对于固定资产的修订，我国有一定的基础资料，比如研究与开发经费支出调查数据等。对于这些已有的调查数据，应充分研究其口径、调查方式、计算方法等，分析利用这些数据测算资本形成的可行性。我国分别于2000年和2009年进行了两次R&D资源清查，其中2009年开展的第二次R&D资源清查的对象是国民经济中R&D活动相对密集行业的法人单位，涉及的行业包括：农业，工业，建筑业，交通运输、仓储和邮政业，信息传输、计算机服务和软件业，金融业，租赁和商务服务业，科学研究、技术服务和地质勘查业，水利、环境和公共设施管理业，教育，卫生、社会保障和社会福利业，文化、体育和娱乐业，清查的主要内容包括R&D活动人员情况，R&D经费支出总量、用途及来源情况，研发用仪器和设备等固定资产拥有情况，各类研发机构及R&D项目的基本情况,专利等自主知识产权的拥有及使用情况等。在R&D经费支出指标中,分为R&D经费内部支出和外部支出,其中R&D经费内部支出分别按照支出用途(日常性支出、资产性支出)、研发活动类型及经费来源等进行了分类,外部支出按照所支付的机构进行了分类,因此R&D资源清查的数据构成了计算R&D资本形成的一个重要的资料来源。此外,在每五年一次的投入产出调查中也包括了企业的研究与开发费用支出指标,并对其构成进行了典型调查,调查指标涉及企业研究开发新产品、新技术所发生的新产品试制费和中间试验费用、直接材料消耗、研究人员工资和福利费、研究设备折旧费等,这也为将R&D支出纳入GDP核算提供了一个很好的基础。

在常规年度,针对规模以上工业企业,有年度的科技情况调查,其中R&D经费支出是调查中的重点指标。因此,对于规模以上工业企业,我们可以利用上述调查中得到的R&D经费支出调查数据对R&D资本形成数据进行测算。对于其他行业,目前在常规年度还没有分行业的R&D支出方面的调查数据,可以将R&D资源清查年份和投入产出调查年份的数据作为基础,按照SNA的定义对数据进行适当调整,计算R&D支出占各个行业增加值的比重,并以此为依据,对常规年度各行业R&D支出进行推算。

(三)逐步拓宽基础资料来源

根据已有的基础资料来源,我们应认真分析数据缺口,并根据需要建议国家统计局及有关部委在一些调查中适当增加相关指标,或增加一些新的调查项目,逐步拓宽基础资料来源,提高核算数据的准确性。

(四)加强核算方法研究

2008年SNA关于固定资产特别是知识产权产品的修订,还有很多需要进一步讨论的问题,比如如何对知识产权产品的不变价进行测算,如何计算折旧等,这些都是难度比较大的问题。由于很多知识产权产品是为自身使用而生产的,很难选择可观测的市场价格指数对知识产权产品产出进行缩减,因此目前许多国家采用的办法是对知识产权产品生产中的各项投入的价格指数加权平均,将得到的投入价格指数作为知识产权产品产出的隐含缩减指数。但是用投入的价格指数并不能反映生产率的变化,因此这种方法也是有待改进的。此外,由于知识产权产品的异质性,如何确定不同知识产权产品的服务寿命以计算知识产权类固定资产的消耗也是值得研究的问题。因此,我们应在知识产权产品资本存量、折旧、不变价值计算方法等方面开展研究。

参 考 文 献

[1] 联合国等编,国家统计局国民经济核算司译:国民经济核算体系(1993)[M],北京,中国统计出版社,1995。

[2] 国家统计局:中国国民经济核算体系(2002)[M],北京,中国统计出版社,2003。

[3] "SNA 的修订与中国国民经济核算体系改革"课题组:SNA 的修订及对中国国民经济核算体系改革的启示[J],统计研究,2012(6)。

[4] 许宪春:我国 GDP 核算与现行 SNA 的 GDP 核算之间的若干差异[J],经济研究,2001(11)。

[5] 国家统计局国民经济核算司:中国资产负债表编制方法[M],北京,中国统计出版社,2007。

[6] 蒋萍:核算制度缺陷、统计方法偏颇与经济总量失实[M],北京,中国统计出版社,2011。

[7] 刘伟:2008 SNA 对非金融资产的修订及影响分析[J],统计研究,2010(11)。

[8] 蒋萍,金剑:统计研究的国际动态与最新进展[J],统计研究,2007(12)。

[9] 国民经济核算司 1993 年 SNA 修订问题研究小组:有关土地及土地改良的处理方

法——1993 年 SNA 修订问题研究系列之五[J],统计研究,2006(7)。

[10] United Nations, European Commission, International Monetary Fund, Organization for Economic Co-operation and Development, World Bank: System of National Accounts, 2008, New York, 2009.

[11] OECD:Handbook on Deriving Capital Measures of Intellectual Property Products[M]. Paris, OECD Publishing, 2010.

[12] OECD:Frascati Manual: Proposed Standard Practice for Surveys on Research and Experimental Development (6th edition)[M]. Paris, OECD Publishing, 2002.

[13] Jennifer Lee,Andrew G. Schmidt, Research and Development Satellite Account Update: Estimates for 1959—2007[J]. Survey of Current Business, 2010 (12).

[14] OECD: Experience of OECD countries in implementing the 2008 SNA (ESA 2010) [A]. 7th Meeting of the Advisory Expert Group on National Accounts. New York, 2012.

[15] Australian Bureau of Statistics: Implementation of new international statistical standards in ABS National and International Account [EB/OL]. http://www.abs.gov.au. Canberra, 2009-10-28.

[16] Rachel H. Soloveichik: Research Spotlight:Artistic Originals as Capital Assets[J]. Survey of current business, 2011 (6).

SNA关于中央银行产出计算方法的修订与中国相应计算方法的改革研究

董 森

一、引言

1993年SNA建议,中央银行与其他金融中介机构一样,应当按照收费、佣金以及间接测算的金融中介服务(FISIM)来计算产出。但由此计算的产出有时会出现异常的结果。为此,国民账户秘书处间工作组(ISWGNA)于1995年修订了中央银行产出的计算方法,建议在上述方法不适用时,按照成本计算中央银行产出,所采用的计算方法与对其他非市场产出的计算方法相同。不过,对于按成本估算产出对中央银行参与其他交易(例如利息的收支)所产生的影响,ISWGNA并没有提供进一步的指导。ISWGNA也没有指出如此估计的中央银行产出被哪些单位所使用。

2008年SNA进一步修订了中央银行产出及其使用的计算方法。与1993年SNA相比,新的计算方法更加合理,这种方法区分了中央银行的市场产出和非市场产出,给予货币政策服务和监管服务更多关注;引入隐含税和隐含补贴,剥离了利率干预因素对中央银行 FISIM 计算的影响,从而在一定程度上避免了产出估计结果出现异常值,甚至为负数的情况。相较 ISWGNA 于 1995 年提出的替代方法,新方法在逻辑上更为一致,也明确了中央银行产出的使用去向,合理记录了与中央银行有关的交易流量。然而,具体实施这种方法仍是一个相当大的挑战。本文系统地梳理了 2008 年 SNA 关于中央银行产出的计算方法的修订及其影响,并结合中国实际情况对 2008 年 SNA 的计算方法的实施问题进行了具体分析。

二、2008 年 SNA 关于中央银行产出计算方法的修订

(一) 中央银行的范围

在 2008 年 SNA 中,中央银行作为金融公司部门的子部门之一,被定义为对金融系统的关键方面实施控制的国家金融机构,一般包括:(1) 国家中央银行,包括中央银行系统的各个部分;(2) 发行由外汇储备完全支撑的国家货币的货币委员会或独立货币当局;(3) 编制有全套的账户但并未归为中央政府一部分、在本质上具有公共性的中央货币机构(如外汇管理机构或银行票据、硬币发行机构)。与 1993 年 SNA 相比,2008 年 SNA 关于中央银行的定义与国际货币基金组织制定的《货币与金融统计手册》(MFSM)保持了一致,进一步明确了中央银行的范围,同时不再将作为独立机构单位的监管机构归入中央银行,而是将其纳入金融辅助机构。[①]

(二) 中央银行服务的区分与产出的计算方法

2008 年 SNA 将中央银行的服务分为三大类,即货币政策服务、金融中介服务和一些临界情形。货币政策服务本质上是服务于整个社会的公共性服

---

① 联合国等:《国民账户体系(2008)》,中国统计出版社,2012 年版,第 4 章,第 104、112 段。

务,因此是非市场服务。金融中介服务是中央银行在没有对利率进行政策干预的情况下所承担的本质上具有个体性的服务,被视为市场服务。某些临界情形,例如监管服务,既可以划分为市场服务也可以划分为非市场服务,这主要取决于是否存在足以弥补服务成本的直接收费。但 2008 年 SNA 并没有明确指出中央银行服务的不同类别及其分别包括哪些具体业务活动。

中央银行非市场产出的计算并无特殊之处,可以参照非市场产出的一般计算方法;市场产出中 FISIM 产出的计算涉及中央银行对市场利率进行政策干预的情形,此时要将受干预利率与市场利率的偏离部分计为税收或者补贴,然后使用市场利率与参考利率之差计算 FISIM 产出;而临界情形的处理则需要根据服务收费是否充分覆盖成本来确定其属于市场服务还是非市场服务,进而确定相应的产出计算方法。

1. 非市场产出的计算

向住户部门免费提供的非市场产出的价值按以下生产成本之和核算:(1)中间消耗;(2)雇员报酬;(3)固定资本消耗;(4)其他生产税(减生产补贴)。2008 年 SNA 规定,中央银行只要能够作为一个独立的机构单位,就应该始终属于金融机构部门,而不是一般政府部门。非市场产出的价值应作为中央银行对一般政府部门的经常转移和政府消费支出处理。

2. 市场产出的计算

金融中介服务是中央银行市场产出的重要组成部分,与其他金融中介机构一样,也可分为直接收费和间接测算两部分。直接收费的金融中介服务产出可以按照收取的费用计算,并无特殊之处。但中央银行具有代表政府管理金融活动,并制定和执行货币政策的特殊职责,因此其提供金融中介服务的方式与一般的金融机构又有很大不同,间接测算的金融中介服务产出有时会受到中央银行对利率进行政策干预的影响。2008 年 SNA 规定,如果中央银行用其特殊权力迫使市场参与者付出无直接回报的转移支付,则应将此收益记录为隐含税;相反,如果中央银行明显出于政策原因而不是商业原因给市场参与者以支付,则可将其视为隐含补贴。同时,2008年SNA列举了产生隐含税和隐含补贴的三种情形:(1)中央银行可以为存款准备金制定一个低于市场水平的利率;(2)当货币面临贬值威胁时,央行会支付高于市场水平的利率;(3)央行执行如发展银行一样的职能,向优先发展产业提供低息贷款。如果央行利率和商业银行利率不一致,那么,按参考利率所计算的利息流量与按照央行设定之实际利率计算的利息流量之间的差异,就不应记录为间接测算的金融中介服务的市场产出,而是应如刚才所说明的那样处理为隐含税和补贴。

如果中央银行所提供的金融中介服务非常重要,并且有可能也有必要为提供这些服务的基层单位编制独立的账户,那么这些服务就应该被记录为服务接受单位的应付项。若监管服务的产出被视为市场产出,则按同样方式记录。

3. 临界情形

中央银行频繁地从事监督金融公司的监管服务。从造福社会的角度来看,监管服务是公共服务,其产出应作为非市场产出记录为政府消费支出。然而,也有观点认为,政府监管的服务对象是金融中介机构,因为这些服务有助于金融机构的正常运作和业绩的提升。根据这个逻辑,金融监管服务不是公共服务,其产出应作为市场产出记录为金融中介机构的中间消耗。即使由于金融监管服务是收费服务而采纳这种观点,但如果央行收取的费用不足以弥补其监管成本,那么该项服务就应作为非市场产出,记入政府消费支出。

(三)产出计算方法修订的影响

与1993年SNA一样,修订后的中央银行产出计算方法仍然只是一个指导性的意见,具体实施过程中的很多细节问题并没有过多涉及,包括中央银行具体业务活动的划分,产出及有关交易流量的新的记录方法对国民账户会产生哪些影响,引进隐含税和补贴后的间接测算的金融中介服务计算方法如何操作等。下面将对这些问题进行具体分析。

1. 中央银行服务的细分

国际标准产业分类第四版(ISIC 4.0)中 K 门类(金融和保险活动)的6411(中央银行)描述了中央银行的具体业务范围,包括:(1) 发行和管理国家货币;(2) 监测和控制货币供应;(3) 接受用于金融机构之间结算的存款;(4) 监督银行业务;(5) 掌管国家外汇储备;(6) 担当为政府管钱的角色。但 ISIC 4.0 中也提到"各国中央银行的活动因体制上的原因而有所不同",因而并未涵盖中央银行的所有活动。根据《货币与金融统计手册》(MFSM)第 86 节的描述,中央银行还从事以下活动:(7) 与国际货币基金组织(IMF)交易;(8) 向其他存款性公司提供信贷;(9) 接受非金融公司的存款或向非金融公司提供信贷。此外,中央银行还可能从事其他活动(Adriaan M. Bloem, Cor Gorter and Lisbeth Rivas, 2006),包括:(10) 清算和结算服务;(11) 国际支付服务;(12) 存款保险和担保;(13) 其他未列明的活动。

区分上述中央银行的具体业务活动,才有可能根据各国的实际情况更合理地划分不同的基层单位,确定相应的产出计算方法及其使用去向。根据 2008 年 SNA 对中央银行产出的有关表述,可以初步判断非市场性的活动大致包括(1)、(2)、(3)、(5)和(7),这些服务类别属于公共服务,即可同时提供给社会每个成员或社会的某些特定部分;这些服务的使用通常是被动的,而且不需要所有相关个人的明确同意或积极参加;向某个人提供公共服务并不减少它所属团体或团体某特定部分中其他成员所获得的服务量。并且,由于无法记录个人对公共服务的使用,因此不能按他们的使用或收益情况向他们收费。市场性的活动大致包括(6)、(8)、(9)、(10)、(11)和(12),这些服务类别本质上是具有个体性的服务。属于临界情形的是(4),需要根据是否存在足以弥补服务成本的直接收费才能进一步划分为市场产出或非市场产出。

值得注意的是,2008年SNA也提到:原则上应该区分市场产出和非市场产出,但在实施这些理论建议之前,应该考虑操作的可行性,以及进行这种区分的相对重要性。当市场产出和非市场产出无法区分开来时,中央银行的所有产出都应被视为非市场产出,其价值等于成本之和。

2. 非市场产出的记录

为简化起见,我们假设中央银行提供非市场产出的成本只包含从经济领土内的其他机构部门购买的在生产过程中作为投入而消耗的货物和服务,以现金形式支付给雇员的工资和薪金,以及固定资本消耗,没有其他生产税减补贴。有关交易可以描述如下:

(1)中央银行的非市场产出(等于生产成本)记录在其生产账户。中央银行购买的货物和服务记录为中间消耗。由于假设这些货物和服务来自经济体的其他部门,其数量也记录在它们的生产账户中。中央银行为生产非市场服务而支付的工资和薪金记录在收入形成账户的使用列,这个数量随后在收入初次分配账户中记录为住户部门的来源。(2)中央银行的非市场产出作为政府消费支出记录为一般政府部门最终消费支出的一部分。然而,这项产出不是由一般政府生产的。这将造成政府储蓄以及净借出或借入的下降。为了消除这种影响,一项经常转移被记录为中央银行对一般政府的应付项,以弥补后者对中央银行产出的购买支出。这项经常转移记录在收入二次分配账户中。(3)固定资本消耗以负项记录在资本账户中。

3. 利率干预情况下 FISIM 产出的计算

中央银行 FISIM 产出的计算有以下三种特殊情形：

（1）对存款准备金制定低于市场水平的利率的情况。为简化起见，假设存款准备金的数量为 50 000 单位，银行间拆借利率为 4.5%（与 2008 年 SNA 推荐采用的参考利率相同），然而中央银行向商业银行支付的实际利率为 3.0%。有关交易可以描述如下：① 尽管商业银行实际只收到 1 500 单位（50 000 乘以 3%）作为"利息"，但记录为收到 2 250 单位（50 000 乘以 4.5%）利息，并且向政府支付 750 单位（50 000 乘以 1.5%）作为生产税。现在使用 4.5% 的市场利率计算得到的 FISIM 产出为 0，若使用 3% 的实际利率计算 FISIM 则会导致异常高的产出（50 000 乘以 1.5%）。② 政府从商业银行收到 750 单位的生产税，同时向中央银行支付 750 单位的经常转移（两者均为名义值）。③ 中央银行实际支付 1 500 单位给商业银行，但记录为支付 2 250 单位给商业银行，并收到政府 750 单位的经常转移。④ 唯一的现金交易涉及中央银行对商业银行准备金存款的实际利息支付（1 500 单位）。

（2）为支持货币设定高于市场水平的利率的情况。可以参照情形（1）。

（3）对优先支持产业设定低于市场水平的利率的情况。为简化起见，假设银行间拆借利率为 4.5%（与 2008 年 SNA 推荐采用的参考利率相同），贷款的市场利率为 5.0%，而优先支持产业实际支付的贷款利率为 3.0%。向优先支持产业发放的贷款量为 100 000 单位。优先支持产业属于非金融公司部门。有关交易可以描述如下：① 尽管优先支持产业实际支付 3 000 单位（100 000 乘以 3%）"利息"，但记录为支付 5 000 单位（100 000 乘以 5%）利息，并且收到来自政府的 2 000 单位（100 000 乘以 2%）作为生产补贴。现在使用 5% 的市场利率计算得到的 FISIM 产出是 500 单位（100 000 乘以 0.5%），若使用 3% 的实际利率计算 FISIM 则会导致负的产出（100 000 乘以

-1.5%)。②政府向优先支持产业支付2000单位的生产补贴,同时收到来自中央银行的2000单位的经常转移(两者均为名义值)。③中央银行实际收到来自优先支持产业的3000单位"利息",但记录为收到来自优先支持产业的5000单位利息,并向政府支付2000单位的经常转移。④唯一的现金交易涉及中央银行向优先支持产业提供贷款获得的实际利息收入(3000单位)。

需要说明的是,尽管2008年SNA通过引入隐含税和隐含补贴,剥离了利率干预因素对中央银行FISIM计算的影响,但仍不能完全避免中央银行FISIM产出估计结果出现异常大或异常小,甚至为负的情况。[①]

三、我国中央银行产出计算方法的改革研究

在我国,作为银行业产出的一部分,中央银行的产出并没有单独测算,因而其现行的计算方法也没有特殊之处。中央银行所属的执行企业会计制度的法人单位产出计算方法与其他金融企业一样,分为间接测算的金融中介服务产出和直接收费的服务产出;中央银行所属的执行行政事业会计制度的法人单位产出则采用成本法。与2008年SNA的建议相比,现行方法区分了中央银行的市场产出和非市场产出,但其依据是会计制度类型,而不是活动性质;FISIM产出的计算采用2008年SNA推荐的参考利率法,但没有考虑中央银行干预利率的情形。另外,我国中央银行的业务范围与2008年SNA的定义也不完全一致。因此,按照2008年SNA的建议改革我国中央银行产出计算方法需要考虑以下几个主要问题:

---

① FISIM产出出现异常结果的原因是非常复杂的。例如,中央银行的很大一部分资产是以黄金或外币计价的,然而负债却以本币计价。那些经历持续高速通货膨胀的国家,其资产的利息回报很低(但有相当大的持有收益),但负债的利息成本却相对较高。因此,尽管中央银行产生大量的持有收益,但是其FISIM可能很低(Adriaan M. Bloem, Cor Gorter and Lisbeth Rivas, 2006)。

(一) 中央银行核算范围的修订

目前,我国国民经济核算所依据的行业分类标准正在从 GB/T 4754-2002 向 GB/T 4754-2011 转换,与 GB/T 4754-2002 相一致,中央银行的核算范围包括中国人民银行总行和各级分支机构、中国银行业监督管理委员会和各级分支机构。最新的国民经济行业分类(GB/T 4754-2011)则重新界定了中央银行服务(J661),与 ISIC 4.0 和 2008 年 SNA 保持了一致,即仅包含中国人民银行及其各级分支机构的活动,不再将作为独立机构单位的中国银行业监督管理委员会及其各级分支机构的活动归入中央银行,而是将其纳入银行监管服务(J664)。因此,按照 2008 年 SNA 的建议计算中央银行产出的前提是参照 2011 版国民经济行业分类(GB/T 4754-2011),修订我国中央银行的核算范围。

(二) 市场产出和非市场产出的区分

根据《中国人民银行法》的规定,中国人民银行是中华人民共和国的中央银行,并履行十三项主要职责,涵盖了制定和执行货币政策、防范和化解金融风险及维护金融稳定等几大功能。但由于缺乏足够详细的基础财务资料和中央银行职能的特殊性,完全根据服务活动的性质区分市场产出和非市场产出在操作上存在较大困难。《中国人民银行会计基本制度》第二条规定:人民银行所属企业、事业单位、社会团体和其他组织办理会计事务,执行国家相关的会计制度。因此,可以继续沿用现行方法,认为执行企业会计制度的单位提供市场产出,其他类型的单位提供非市场产出。随着我国市场化改革的不断推进,以及中国人民银行财务制度的进一步规范和完善,我国将积极尝试按照 2008 年 SNA 推荐的方法划分并计算其产出。

(三) FISIM 产出考虑利率干预的情形

目前,我国计算 FISIM 产出所利用的金融机构本外币信贷收支数据的范围包括了中国人民银行、银行业存款类金融机构、信托投资公司、金融租赁公司和汽车金融公司的各项存贷款。

贷款方面,中国人民银行再贷款的业务对象非常多元化,且规模巨大。根据中国人民银行公开发布的数据,其对金融机构的再贷款利率与同业拆借利率相差不大,同时由于缺少再贷款不同期限结构的详细数据,可以暂不考虑隐含税收或补贴。而一些地方政府承诺还款的再贷款和特定领域再贷款的利率则可能包含政策因素(如支农再贷款等,贷款利率相较其他类型的再贷款会有一定的优惠),但由于缺乏相关数据资料目前尚无法测算。

存款方面,我国对准备金存款支付利率,但利率水平明显低于同业拆借利率,因此在存款方面,中央银行对金融机构会有一个隐含税收。另外,我国对法定存款准备金和超额准备金支付不同的利率,需要分别考虑。由于我国参考利率的计算采用基于账面价值的计算方法,若考虑隐含税收,则计算得到的存款利率会上升,进而导致参考利率变大,不仅中央银行的 FISIM 会受到影响,其他金融中介机构的 FISIM 同样会受到影响。

参 考 文 献

[1] 许宪春:中国国民经济核算的新发展和 SNA 修订的挑战[J],统计与信息论坛,2007年1月。

[2] 曹小艳:中央银行产出和分配核算问题探析[J],统计教育,2008 年7月。

[3] 汪洋:中国人民银行再贷款:功能演变与前景探讨[J],广东金融学院学报,2009年1月。

[4] 陈梦根:2008 SNA 对金融核算的发展及尚存议题分析[J],财贸经济,2011 年第11 期。

[5] 蒋萍:《核算制度缺陷、统计方法偏颇与经济总量失实》[M],中国统计出版社,2011。

[6] 蒋萍,贾小爱:FISIM 核算方法的演进与研究进展[J],统计研究,2012 年第 8 期。

[7] 蒋萍,刘丹丹,王勇:SNA 研究的最新进展:中心框架、卫星账户和扩展研究[J],统计研究,2013 年第 3 期。

[8] United Nations, European Commission, International Monetary Fund, Organization for Economic Co-operation and Development, World Bank: System of National Accounts, 2008, New York, 2009.

[9] International Monetary Fund: Monetary and financial statistics: compilation guide[EB/OL], IMF, 2008.

[10] Adriaan M. Bloem, Cor Gorter and Lisbeth Rivas: Output of Central Banks[EB/OL], Paper presented at Fourth meeting of the Advisory Expert Group on National Accounts, 30 January—8 February 2006, Frankfurt.

[11] Toru Ohmori: Measurement and Allocation of central bank service output-insight into current issues and problems for the 1993 SNA rev. 1[EB/OL], 2004.

[12] United Nations, European Central Bank: Financial Production, Flows and Stocks in the System of National Accounts, New York, 2014.

SNA 关于非寿险服务产出计算方法的修订与中国相应计算方法的改革研究

吕 峰

一、引言

2009 年,联合国、欧盟、国际货币基金组织、经济合作与发展组织、世界银行等五个国际组织联合发布了国民经济核算新的国际标准——2008 年 SNA。相对于上一个国际标准 1993 年 SNA 而言,2008 年 SNA 在产出计算方面的变化不是太多。在这些为数不多的变化中,非寿险服务产出计算方法的改进是其中一项较为重要的内容。

非寿险服务,是指除人寿保险服务以外的保险业务,主要包括财产损失保险、责任保险、信用保险、短期健康保险和意外伤害保险业务以及上述业务的再保险业务。在非寿险保单下,保险公司接收并留存客户的保费,直至做出赔付或保险到期为止。同时,保险公司会将保费用于投资,投资收入成为弥补应付索赔的一项额外资金来源。投资收入代表了客户的预期收入,因此应该作为实际保费的隐性补充追加来处理。

在 1993 年 SNA 中,非寿险服务产出等于实收保费①加上追加保费再减去已生索赔②,对于大多数年份而言,或者说在正常风险情况下,用这种方法计算的非寿险服务产出没有问题。但是在发生巨大灾难、产生巨额保险赔付的年份,非寿险服务产出会出现剧烈下降,甚至出现负值。而在这些年份,保险公司往往会做出巨额赔付,显示出保险在应对风险方面的巨大作用。在这种情况下,负的产出与人们对保险活动的直观认识严重不符。另外从概念上来讲,人们也不可能去购买"负"的服务。

鉴于上述情况,2008 年 SNA 对非寿险服务总产出的计算方法做出了改进,提出了三种替代性的新方法,即期望法、会计法和成本法。其中期望法和会计法的核心思想都是在产出计算中不再使用实际的已生索赔,而是用调整后的已生索赔来进行替代。成本法的表现形式虽然有所不同,但其实质与期望法是相通的。本文的第二部分对这三种方法进行介绍,其中着重介绍期望法。第三部分介绍我国目前的非寿险服务产出计算方法,并利用期望法对我国财产险的赔付支出进行了试验性调整。第四部分给出针对我国非寿险服务产出测算的改进建议。

二、2008 年 SNA 中非寿险产出计算方法

(一)期望法

期望法是一种事前方法,即以保险公司过去的赔付模式作为基础建立模型,并据此估计期望已生索赔,作为调整后的已生索赔。在期望法中,非寿险

---

① 实收保费(actual premiums earned)不同于实际保费(actual premiums),实际保费是指在一个时期内保险公司实际收到的所有保费,实收保费是指根据权责发生制原则在实际保费中覆盖核算期的那一部分。

② 已生索赔(claims incurred)是事件发生时,变成应付状态的索赔,即使实际的索赔支付发生在之后。

服务产出等于实收保费加上追加保费,减去期望已生索赔,即:

$$非寿险服务产出 = 实收保费 + 追加保费 - 期望已生索赔$$

使用期望已生索赔来代替实际值,其主要目的并不仅仅在于平滑数据,而是有其深刻的经济含义。保险公司在设定非寿险保单的保费水平时,会提前将预期的投资收入和索赔考虑在内,而不是在事后根据实际的投资收入和索赔额再调整保费。通常来说,保险公司会使得保费收入再加上预期的投资收入,减去预期的索赔支付后,还能留有一部分毛利。这一部分毛利实际上就代表了非寿险服务活动的价值。事实上,期望法就是模仿了保险公司设定保费水平的这种思路,来确定非寿险活动产出。

期望法的关键在于如何计算已生索赔的期望值,目前较为多用的有两种方法,一种称为 n 点移动平均法,另一种称为几何加权移动平均法。

n 点移动平均法是利用最近的 n 个时期的观测值的简单移动平均值来作为下一个时期的期望值。这种方法的优点是简单易行,便于计算,同时能有效地消除原始序列的波动,但也存在几个较为明显的缺点。一是 n 的选择具有很大的主观性,没有任何统计模型的支撑,选择不同的 n 值会得到不同的结果;二是原始序列在产生向上或向下的中长期变动趋势时,移动平均后的数据无法及时反映趋势的变化,会存在一定的滞后性;三是这种方法给予过去的 n 个时期以同样的权重,忽视了不同的时期可能有不同的权重,同时对于 n 期以前的数据则完全没有考虑在内。目前澳大利亚统计局在计算非寿险服务产出时使用了这种方法。

几何移动平均法是一种基于统计模型的方法,其核心思想是估计一个 α 值(一个介于 0 到 1 之间的平滑系数),使其能最佳地满足以下的回归模型:

$$Z_t = w_1 Z_{t-1} + w_2 Z_{t-2} + \cdots + e_t$$

这里 $w_i = \alpha(1-\alpha)^{i-1}$, $i = 1, \ldots, n$; e_t 为一个白噪声干扰项。

几何移动平均法对于较近的时期赋予了较大的权重,同时也考虑了以往的所有时期,因此从理论上来说要优于 n 点移动平均法,但其计算过程较为繁琐,在实际工作中不易应用。目前美国经济分析局(BEA)在计算非寿险服务产出时使用了这种方法。下面以期望已生索赔的计算过程为例来对该方法进行说明。

我们分别用 NL,NLR 和 P 代表期望已生索赔、期望已生索赔率(即已生索赔与实收保费之间的比率)和实收保费,则期望已生索赔的计算可用下式表示:

$$NL_t = NLR_t \times P_t$$

这里,$NLR_t = \alpha LR_t + \alpha(1-\alpha)LR_{t-1} + \alpha(1-\alpha)^2 LR_{t-2} + \cdots$ 是 t 期的期望已生索赔率,等于 t 期及以前各期已生索赔率的几何加权平均值。P_t 是实收保费,LR_t 为已生索赔率 $\left(\dfrac{L_t}{P_t}\right)$,$L_t$ 为实际已生索赔,α 为平滑因子。

显然,计算上式的关键在于估计 α 的值。假如一个时间序列有 30 个以上的观测值,那么 α 可以利用如下的回归方程很好地估计出来:

$$L_{t+1|t} = l_{t+1|t} \times P_{t+1}$$

这里,

$$l_{t+1|t} = E(l_{t+1} \mid l_t, l_{t-1}, \ldots),$$

并且,

$$E(l_{t+1} \mid l_t, l_{t-1}, \ldots) = \alpha l_t + (1-\alpha)E(l_t \mid l_{t-1}, l_{t-2}, \ldots) = \alpha \sum_{i=0}^{\infty}(1-\alpha)^i l_{t-i}$$

上式中,$L_{t+1|t}$ 是 $t+1$ 期的已生索赔,$l_{t+1|t}$ 是在给定 t 期所有信息的前提下得到的 $t+1$ 期的期望已生索赔率。利用回归分析的方法,可以计算得到 α 的值,进而可以计算 NLR_t 和 NL_t 的值,也就得到了期望已生索赔。

但是在实际工作中,有时很难得到足够长的时间序列来估计精确的 α

值,这时就有必要人为设定一个较为合理的 α 值。大量的统计实证检验结果表明,α 一般是落在 0.1 到 0.3 之间的,在具体选择时,可以根据最小均方根预测误差的原则来确定。一般来说,只需在 0.1、0.2 和 0.3 之间选择一个数值作为 α 值即可。以 BEA 为例,他们选择了 0.3 作为 α 值,并通过实践证明这种选择得到了很好的预测结果。

在实际应用中还需注意的一点是,所有的权重相加之后应该等于 1。但在时间序列不太长的时候,这一点是无法满足的。在这种情况下,需要对权重作标准化处理,将各个权重除以一个标准化因子,以保证标准化后的权重相加能够等于 1。比如,在只有 5 年数据的情况下,各权重都应该除以一个标准化因子 $\alpha \sum_{i=0}^{4} (1-\alpha)^i$。

此外,还有人提出在利用期望法计算非寿险服务总产出时,追加保费也不应该使用实际值,而是也应同样采用期望值。追加保费来自保险公司的投资收入,投资收入在资本市场激烈动荡的年份也会出现数据的不稳定现象。比如在证券市场收益率很高的年份,保险公司的投资收入会出现很高的增长,从而非寿险服务的总产出也会出现高增长。但在这些年份中,非寿险服务本身可能并没有实质性的增长,这时就会出现产出数据与实际变动不符的情况。如果需要计算追加保费的期望值,其计算思路和计算过程完全等同于上述期望已生索赔的计算。

（二）会计法

会计法是指利用保险公司的会计信息推算调整后已生索赔的一种方法。保险公司的会计账户中,有一个项目称为"平准准备金",它是保险公司为应对预期之外的大额索赔而预留的资金。不同于事前的期望法,会计法实际上是一种事后调整的方法。在这种方法里面,调整后已生索赔等于实际已生索赔加上平准准备金的变动。在平准准备金不足以使调整后已生索赔回到正常水平的情况下,保险公司就必须动用部分自有资金。

在会计法中,非寿险服务产出计算公式为:

非寿险服务产出 = 实收保费 + 追加保费 − 调整后已生索赔
　　　　　　　 = 实收保费 + 追加保费 −(实际已生索赔 + 平准准备金的变动)

在发生巨额索赔的情况下,平准准备金会减少,以弥补常规赔付额的不足,同时也对实际赔付额的波动起到了平滑作用。

(三) 成本法

2008 年 SNA 推荐,在基础资料有限、上述两种方法所需信息都无法获得的情况下,也可以使用成本法来计算非寿险服务产出。在成本法中,非寿险服务产出计算公式为:

非寿险服务产出 = 总成本 + "正常利润"
　　　　　　　 = (中间消耗成本 + 劳动力成本 + 资本成本
　　　　　　　　 + 其他生产税 − 其他生产补贴) + "正常利润"

在总成本的构成项中,中间消耗成本、劳动力成本、其他生产税和其他生产补贴都较容易确定,资本成本的确定有一定难度。按照 2008 年 SNA 的规定,资本成本不仅包括固定资本消耗,还要包括对固定资本的回报。这两个项目都不能直接观察得到,需要在一定假设的基础上作推算。统计机构可以通过建立资本存量和资本服务的模型来计算固定资本消耗和固定资本回报。[①]

对于"正常利润"的估计,可以通过对已往实际利润数据进行平滑得到。但在实践中,"正常利润"的估计总是要考虑到期望索赔,因此成本法与期望

---

① 计算资本成本的详细内容,可以参阅 OECD 在 2001 年出版的《资本测算手册》。

法实际上是相通的,很难从实质上区分开来。

在期望法中,非寿险服务产出计算公式如下:

$$非寿险服务产出 = 实收保费 + 追加保费 - 期望已生索赔$$

因此,实收保费可以写为:

$$实收保费 = 期望已生索赔 + 非寿险服务产出 - 追加保费$$

而保险公司在确定保费水平时,会将预期索赔、追加保费和总成本等因素考虑在内,使得实收保费加上追加保费在减去预期索赔和总成本后,仍留有一定的"正常利润",因此我们有:

$$\begin{aligned}"正常利润" &= 实收保费 + 追加保费 - 期望已生索赔 - 总成本 \\ &= (期望已生索赔 + 非寿险服务产出 - 追加保费) \\ &\quad + 追加保费 - 期望已生索赔 - 总成本 \\ &= 非寿险服务产出 - 总成本\end{aligned}$$

即:

$$非寿险服务产出 = 总成本 + "正常利润"$$

从上述过程可以看出,从期望法的公式完全可以推导出成本法的公式,因此两者从本质上是相通的。

三、中国非寿险服务产出的计算

(一)中国非寿险服务产出计算方法

目前,中国采用1993年SNA推荐的方法计算非寿险服务产出,计算公式为：

非寿险服务产出 = 已赚保费 + 投资收益 −（赔付支出 + 提取未决赔款准备金）

其中，已赚保费对应于实收保费，投资收益对应于追加保费，赔付支出加提取未决赔款准备金对应于已生索赔。

（二）对中国非寿险赔付支出数据的调整

利用2008年SNA推荐的方法计算非寿险服务产出时，关键是调整和平滑索赔数据。我们以中国财产险数据为例，利用期望法对财产险赔付支出做试验性的调整。截取的时期为2004年至2011年，数据来自中国保监会网站。2004年至2011年，财产险赔付率（即赔付支出与保费收入之间的比率）见表1。

表1 财产险赔付率

	2004年	2005年	2006年	2007年	2008年	2009年	2010年	2011年
赔付率	0.52	0.55	0.53	0.51	0.61	0.55	0.45	0.47

从表1中数据可以看出，大部分年份的赔付率都在0.51和0.55之间，但2008年的赔付率明显高于其他年份，达到了0.61，其中主要原因是该年发生了汶川大地震。由此也可以看出，在巨灾年份非寿险活动的数据波动确实比较大，不利于产出计算。

由于时间序列较短，无法用回归分析的方法确定 α 的值，因此我们分别取 $\alpha = 0.1$、0.2和0.3，按照期望法来计算财产险赔付率的期望值，得到表2中的数据。

表2 财产险赔付率期望值

α 取值	2004年	2005年	2006年	2007年	2008年	2009年	2010年	2011年
0.1	0.52	0.53	0.53	0.53	0.55	0.55	0.53	0.52
0.2	0.52	0.53	0.53	0.52	0.55	0.55	0.52	0.51
0.3	0.52	0.54	0.53	0.52	0.55	0.55	0.52	0.50

从表中数据可以看出,α 的取值变化对结果影响不大。无论 α 取哪个值,得到的结果都比实际的赔付率要平滑得多。平滑后的各年数据基本都落在了 0.51 至 0.55 之间,也符合我们从财产险赔付率原始数据中得到的直观认识。在 α 分别取 0.1、0.2 和 0.3 时,索赔数据的均方根预测误差分别为 148、137 和 123,按照最小均方根预测误差的原则,我们最终应该选取 0.3 作为 α 的值。选定 α 后,很容易根据财产险赔付率期望值和保费收入数据计算调整后的赔付支出数据。

四、对中国非寿险服务产出计算方法的几点改进建议

(1) 中国是一个自然灾害多发的国家,因此采用 2008 年 SNA 推荐的新方法计算非寿险服务产出在我国显得尤为必要。即使有的灾害对全国数据影响不大,但有可能对部分地区的数据产生重大影响。此外,保险业是金融业中的一个大类行业,保险业数据的异动会影响到整个金融业门类,并可能影响人们对金融业整体发展情况的判断。特别是在目前分行业 GDP 数据中不单独发表保险业数据的状况下,这种情况发生的可能性就更大了。因此,不管是从国家层面还是从地区层面,都有必要采用新的方法计算非寿险服务产出。

(2) 在采用新方法计算非寿险服务产出时,不仅要关注产出的计算方法,还要关注与非寿险服务有关的项目在整个国民账户中的记录方法。采用新方法计算非寿险服务产出时,调整后的索赔与实际索赔会产生一个差额,这个差额如何处理,会直接影响到各机构部门的可支配收入等重要宏观指标。在我国资金流量表的编制中,应该对该问题给予足够的重视。

(3) 进一步完善保险业统计指标体系。目前,我国保险业统计指标的分类还较粗,不能提供细分类的非寿险服务数据。从更细的分类入手,有利于

更加准确地把握不同险种的变动,得到更高质量的非寿险服务产出数据。此外,我国保险业中的各准备金项目,与国际通行标准也不尽一致,不利于我们完全采用国际标准来计算非寿险服务产出。采用国际通行的定义和范围,有利于提高我国数据的国际可比性。

参 考 文 献

[1] 联合国等编,国家统计局国民经济核算司译:国民经济核算体系(1993)[M],北京,中国统计出版社,1995。

[2] 张家平:巨灾风险对非寿险产出核算影响的研究[J],统计研究,2009(2)。

[3] 杨灿,曹小艳:非人寿保险核算问题研究[J],统计研究,2009(9)。

[4] 国家统计局国民经济核算司:中国第二次经济普查年度国内生产总值核算方法[M],内部资料,2011。

[5] 蒋萍:核算制度缺陷、统计方法偏颇与经济总量失实[M],北京,中国统计出版社,2011。

[6] 蒋萍:知识经济和可持续发展,测算方法与实证分析[M],北京,北京师范大学出版社,2011。

[7] "SNA 的修订与中国国民经济核算体系改革"研究小组:SNA 的修订及对中国国民经济核算体系改革的启示[J],统计研究,2012(6)。

[8] "SNA 的修订与中国国民经济核算体系改革"研究小组:SNA 的修订对 GDP 核算的影响研究[J],统计研究,2012(10)。

[9] 联合国等编,国家统计局国民经济核算司、中国人民大学国民经济核算研究所译:国民账户体系 2008[M],北京,中国统计出版社,2012。

[10] United Nations, European Central Bank:Financial Production, Flows and Stocks in the System of National Accounts, New York,2014.

SNA 关于国际贸易记录原则的修订与中国相应记录原则的改革研究

陈 杰

一、经济所有权

经济所有权是 2008 年 SNA 引入的新概念。2008 年 SNA 所采用的准则是:哪一个单位承担产品(或者资产)的经济风险和收益,哪一个单位就拥有产品(或者资产)的经济所有权。经济所有权这一术语很好地反映了交易背后的风险和收益与所有权相连的这一事实。在 2008 年 SNA 中,产品的经济所有权从一个单位转移给了另一单位时,才记录产品从一个单位转移给另一个单位。

经济所有权与法定所有权之间是有差别的。例如,一家银行在法律上拥有一架飞机,不过它同意一家航空公司使用这架飞机,从而换取双方约定金额的货币。航空公司对这架飞机的飞行频次、飞行目的地以及机票价格等全权决定。尽管银行仍然是这架飞机的法定所有者,但航空公司被认为是其经济所有者。编制国民账户时,飞机应记录为由航空公司购买,而不是由银行购买。同时,要虚拟一笔由银行发放给航空公司的贷款,其金额等于在双方协议的有效期内应付给银行的金额。

二、国际贸易记录的变化及对国民账户的影响

经济所有权的引入,使得一些国际贸易的记录发生了变化,特别是海外加工货物(Goods sent abroad for processing)和转手贸易(Merchanting)。在全球化的市场下,它们的规模日益庞大。2008年SNA和BPM 6(《国际收支手册(第六版)》)都要求按经济所有权的变化原则来记录这些贸易活动,这使得在国民账户中这些贸易活动的记录与过去不同。

(一)海外加工货物

海外加工货物,简单地说就是对于不同经济体的两个常住单位(委托方和加工方),按照合同的约定,由加工方为委托方进行加工的货物。但是,加工方只是按合同的规定,从委托方接收原材料或者半成品进行加工,并按照约定收取加工费。加工方不拥有原材料或者半成品的所有权,也不拥有产成品的任何权益,同时不承担产成品任何可能的风险。

1993年SNA注意到了加工贸易进出口和其他进出口的差异,但是提供的处理方法不够明确。2008年SNA根据经济所有权的准则,认为不论是原来的原材料,还是加工后的产成品,从经济所有权来说都是属于委托方的。加工方并不承担全部的经济风险和收益,只是提供了一项围绕该货物的服务。对于加工方来说,应该用加工费而不是产品的全价来计算加工品的产出价值。

因此,2008年SNA(以及BPM 6)明确规定了:运到国外加工的货物,既不记录为货物所有国的出口,同时也不记录为货物加工生产国的进口。同样地,货物在加工之后,也不会记录为货物加工生产国的出口和原来的货物所

有国的进口。在进出口中,唯一反映的项目就是货物所有国和货物加工生产国之间达成的加工费,而加工费将作为货物加工生产国对货物所有国的服务出口。

这样的处理方法,至少有以下几个方面的影响。首先,只记录加工费而不是加工货物的全部价值,会影响到进口和出口占 GDP(国内生产总值)的比重,当然 GDP 总量不受影响。其次,在国际收支平衡表中,货物和服务的进出口数据都会变化。另外,对于供给使用表来说,货物的总供给和总使用都将不同于以往的记录方式。供给使用表的有关系数,将不仅受到产业的生产技术和产业结构的影响,为自己生产和为其他单位加工生产的比例变化也将会影响供给使用表的有关系数。

(二) 转口贸易

转口贸易(Merchanting)被定义为:一个经济体的单位(转口贸易商)从另一个经济体的单位购买了货物,随后又将该货物转售给其他经济体的单位;而该货物根本没有进入转口贸易商所在的经济体。

图 1 展示了转手贸易过程中发生的货物、资金和所有权流动的情况。A 国是账户编制国,从 B 国购买了货物,然后转售给 C 国。可以看到,货物只是从 B 国转移到了 C 国,没有进入到 A 国。同时这三个国家之间分别还有资金的流动,以及货物的经济所有权的转移。

1993 年 SNA 没有给出转手贸易的概念,但是在有关章节中提到了相似的经济活动[①],同时建议在账户编制国,把收入和销售的差额视为贸易商所提供的服务的价值,并记录在服务的出口项下。

转手贸易的概念主要来自国际收支,按照 BPM 5(《国际收支手册(第五

---

① 1993 年 SNA,第 14 章,第 60 段。

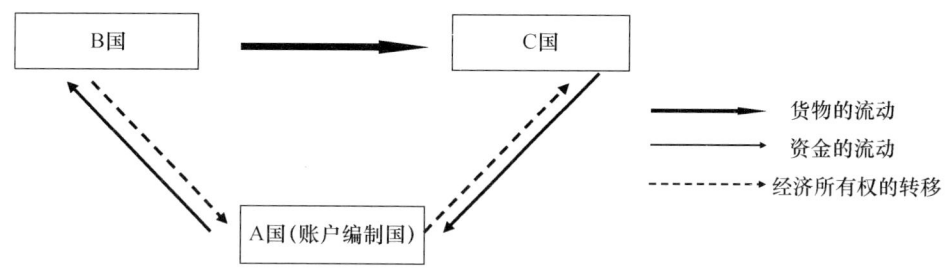

图 1 转手贸易中货物、资金和所有权的流动情况

版)》)的规定,如果货物的购买和转售发生在同一个核算期内,那么只在服务项下记录购买和转售的差额,记录为该国转手贸易服务(Merchanting Services)的出口,这和 1993 年 SNA 规定的处理方法是一致的。如果货物的购买和转售跨越了不同核算期,在购买期,记录为货物的进口;在转售期,记录为购买期货物相应数值的负进口,以及转手贸易服务的出口。

按照 BPM 5 的记录原则,如果货物的购买和转售发生在同一个核算期内,则显然不体现货物的经济所有权的转移。同时,从全球贸易平衡的角度来看,只记录了转手贸易服务的出口,而没有哪个国家有相应的服务进口记录,便形成了一个非对称的贸易记录。因此 BPM 6(和 2008 年 SNA)推荐按照经济所有权原则,采用新的记录方法。在货物获得时记录为(账户编制国的)负出口,而在货物处置时记录为正出口,销售和购买之间的差额列示为"转手买卖货物净出口"。这些出口的记录不是按通常记录出口的离岸价(FOB),而是按照双方协定的交易价格。

如果货物在一个时期获得但在另一时期处置,按照原来 BPM 5 的记录原则,在购买期,记录为货物的进口,但是货物在经济体内的去向却没有一个对应的记录,这可能造成进出口数据与经济体的资产负债表、存货变动以及供给使用数据之间的不协调。在处置销售期,记录为货物相应数值的负进口,以及转手贸易服务的出口,同样在经济体内会有数据不协调的情况发生。因此,BPM 6(和 2008 年 SNA)推荐的记录方法是:在货物的获得时,记录为负的货物出口和相应的存货增加,即使这时那些货物存留在国外。在货物被出售时,其销售记录为货物的出口,同时还有存货的减少。当然,这些出口的记录都是按照双方协定的交易价格。存货变化也以当时的价格估算,由于价格变化而导致的价值变动应记为持有损益。

很明显,这种记录方式的变化将会影响到国际收支平衡表的项目。同时对于国民账户中存货的数据,货物和服务进出口的数据以及供给使用表都会有影响。

三、中国采用的相应处理方法和面临的困难及问题

(一) 海外加工货物的处理

对于海外加工货物,中国在编制 2007 年投入产出表时,已经基本上采用了 2008 年 SNA 推荐的方法。

在编制中国 2007 年投入产出表时,货物进出口数据主要根据海关提供的资料进行计算。在按照贸易方式分类的进出口数据中,有两种方式:"来料加工装配贸易"和"进料加工贸易",都是我国为外商加工然后再出口的贸易方式。但是,这两种贸易方式中,只有"来料加工装配贸易"符合 2008 年 SNA 中的海外加工生产的概念。因为按照"进料加工贸易"的规定,进料加工贸易使用的原材料、辅料、元器件和零件等,我国的加工方先要用外汇购买,加工后的成品和半成品再外销出口。也就是说,这些原料事实上的经济所有权已经从外商转移到我国的加工企业了。

因此,在 2007 年投入产出表编制中,按照 2008 年 SNA 推荐的方法,把来料加工装配贸易的进出口数据作了调整:外国运到我国加工的货物,不记录为我国的进口;同样,货物在加工之后,也不记录为我国的出口(我国也有运

到国外进行加工的货物,但目前数据很小,暂不作处理)。但是,与2008年SNA推荐方法也还有部分差异。2008年SNA推荐把赚取的加工费作为某种服务的出口;由于难以将加工服务对应到特定的服务部门,同时考虑到需要和工业总产值计算口径一致,因此,目前还是把赚取的加工费记录在相应货物生产部门的出口。

(二) 转手贸易的处理

对于转手贸易,由于没有货物进出中国的海关,需要通过开展企业调查或者通过银行交易记录信息来获得数据。目前,我国还没有完善的数据基础,因此,中国国民经济核算还没有对此进行处理和调整。

(三) 面临的问题

中国国民经济核算如果要按2008年SNA推荐的方法来处理上述两种贸易方式也还面临着不少的困难和问题。

对于海外加工货物,目前除了投入产出表之外,其他账户和表式还没有按照2008年SNA推荐的方法进行处理和调整,这将会影响到中国国民经济核算体系内部的协调性和一致性。

另外,无论是编制投入产出表,还是供给使用表,要体现"加工服务"这个产品的生产和使用都存在一定的障碍。目前不论是国际上最新的《主要产品分类(第二版)》(CPC 2.0),还是中国的《统计用产品分类目录》,都找不到和这个服务对应的产品。因此无法在国民账户中准确直观地体现"加工服务"供给和使用的情况。

而转手贸易,最大的问题在于基础数据的可获得性。目前,有关机构对于这种活动有多大的规模还没有把握。但是毫无疑问的是,随着世界经济联系愈来愈紧密,在中国的跨国公司和国际采购商进行的转手贸易规模也在逐步上升;其对于中国国际收支平衡表和中国国民经济核算体系其他部分之间的平衡和协调的影响将逐渐显现,因此要在深入研究的基础上,建立相应的统计制度,逐步解决这个问题。

参 考 文 献

[1] 国家统计局:中国国民经济核算体系(2002)[M],北京,中国统计出版社,2003。

[2] 国际货币和基金组织:国际收支和国际投资头寸手册(第六版),2009。

[3] 许宪春:中国国民经济核算的新发展和SNA修订的挑战[J],统计与信息论坛,2007(1)。

[4] 联合国等编,国家统计局国民经济核算司译:国民经济核算体系(1993)[M],北京,中国统计出版社,1995。

[5] 蒋萍:核算制度缺陷、统计方法偏颇与经济总量失实[M],北京,中国统计出版社,2011。

[6] 蒋萍,田成诗:全方位、立体性数据质量概念的建立与实施[J],统计研究,2010(12)。

[7] United Nations, European Commission, International Monetary Fund, Organization for Economic Co-operation and Development, World Bank: System of National Accounts, 2008, New York, 2009.

SNA 关于政府发放许可收费的处理方法及中国有关税费核算的改革研究

陈 杰

作为行使行政权力的政府,可以禁止某些单位拥有或使用某些特定产品,除非这些单位获得了政府颁发的授予特殊许可的执照或其他证明,而从政府获得此执照或证明,往往需要缴纳一定的费用。

颁发执照或证明,以及相应的缴费背后,可能涉及不同的政府行为。如果政府借发放执照来执行一些适当的管理职能:如检查有关人员的能力或资格、检查有关设备的运行效率和安全性能,或者进行一些其他形式的控制,那么,此时所缴纳的费用应视为对政府服务的购买(但是,如果缴纳的费用大大超出了提供服务的成本,就不应该视为对政府服务的购买)。如果执照的获得不涉及或很少涉及政府的相关服务,那么这可能就纯粹是政府的一种获得收入的手段,即使政府可能会提供某种证明文件或授权作为回报,也应视为对政府支付的税收。另外的情况是通过对政府的支付,机构单位获得了某种资源的排他性使用许可,根据许可中不同的约定,可视为对某项资产的购买或租赁。

在实践中,税收、服务收费或者资产的购买或租赁,有时候并没有清晰的区分界限。本文从2008年SNA的规定出发,结合中国税费的有关情况,对中国的税费核算进行梳理。第一部分介绍2008年SNA对政府颁发执照或证明的收费的处理规定;第二部分阐述中国政府的收入分类情况和中国国民经济核算对于政府有关收入的处理方法。第三部分探讨中国国民经济核算关于政府收入的处理方法与国际标准的差异以及需要的改进建议。

一、2008年SNA关于政府发放许可的收费的处理方法

大多数情形下,政府并不对单个单位的支付做出任何等价的回报;但有时政府会以直接授予许可或授权等形式回报单个单位的支付。在2008年SNA中,机构单位向一般政府的支付,至少可以区分为以下几种情况:税收、对政府服务的支付和资产的购买或租赁。以下是2008年SNA对几种情况的认定和处理。[①]

（一）区分税收和服务费

如果在付费后,政府自动授予许可(或准许),或者政府履行极少的或不履行任何工作职能,只对许可获取者的法律能力施以最低水平的控制(如确认申请者是否无犯罪记录),则该项支付作为税收记录。

如果签发许可(或准许)意味着政府通过对该活动施加控制或审核从业者的能力或资格等实现了恰当的监管职能,则该项支付作为服务购买记录。但是,当该项支付与生产服务的成本不成比例时,作为政府税收处理。

（二）关于政府签发的限制数量的许可收费

有些许可,主要是涉及使用自然资源的许可和准许,以及进行特定活动

---

① 2008年SNA,第17章,第313、315、350段。

的准许,是严格限制数量的,具有排他性。

1. 使用自然资源的许可和准许的收费

如果政府的许可是为了让某些机构单位使用符合资产标准的一项自然资源(如无线电频谱、天然林),且政府是代表整个社会对此资源施加控制,对该项许可的支付可处理为"契约、租赁和许可项"下资产的获得,或者是地租[①]的支付。

具体地说,如果所有者(政府)准许被授权人(许可的获得者)使用该资源至枯竭,则应视为资产的出售。如果所有者准许被授权人在相当长一段时间内使用该资源,使用者在这段时间内实际控制了资源的使用而几乎不受任何干预,对使用者而言意味着拥有了一项区别于资源本身的资产(资源使用许可),但资源价值和该资产(资源使用许可)又是关联的。第三种情况是,所有者在年度交替时可延展或收回继续使用该项资产的许可,这种情况下就是资源租赁,使用者的支付将作为地租处理。

以无线电频谱为例。无线电频谱是一种自然资源。当被授权人获得了特定频谱的使用许可(即移动电话执照的购买),如果许可是无期限的,并且许可能够作为资产出售,则对许可的支付可视为对频谱本身的购买。如果许可有较长的期限,则对许可的支付应处理为许可的获得者向法定所有者(政府)购买了使用自然资源的准许(由自然资源本身派生出的资产)。如果许可的期限较短,许可的支付是分期付款的,或者政府可以很容易的撤销许可,这些都是将许可的支付作为地租处理的考虑因素。

2. 进行特定活动的准许的收费

机构单位进行特定活动可能也要获得政府准许(出租车、赌场经营等),

---

① 在 SNA 中严格区分 rental(租金)和 rent(地租)两个概念,"rent"主要针对自然资源,称为"地租"。

该准许完全独立于活动涉及的任何资产,目的是限制有权从事该项活动的单位数目。

例如,政府通过授权牌照来限制赌场的数量,因此赌场的经营牌照,实际上为授权经营者创造了垄断利润,但政府要对部分利润征收费用。在 2008 年 SNA 中,这些对赌场许可征收的费用要记录为税收——其他生产税。① 但牌照本身,如果在法律和实践中都可转移给第三方,那么它仍会被归为"合约、租约和许可"(AN22)下的一项资产。

二、中国的政府收入分类情况和国民经济核算关于政府收入的处理方法

根据财政部制定的《2012 年政府收支分类科目》,政府收入分类包括四个层级,分别是类、款、项和目。最高层级的类有六个类,分别是:税收收入(代码 101)、社会保障基金收入(代码 102)、非税收入(代码 103)、贷款转贷回收本金收入(代码 104)、债务收入(代码 105)和转移性收入(代码 110)。

(一)税收收入

1. 税收收入的分类

我国的税收收入分为 21 款。其中,05 款"企业所得税退税"实质上是收入的负项,反映财政部门按"先征后退"政策审批退库的企业所得税。08 款"固定资产投资方向调节税",目前已暂停征收。税收收入分类如表 1 所示。②

---

① 2008 年 SNA,第 17 章,第 350 段。
② 有关科目的说明来自《2012 年政府收支分类科目》。

表 1 税收收入的分类

科目编码		科目名称	说明
类	款		
101	01	增值税	增值税是以单位和个人生产经营过程中取得的增值额为课税对象征收的税种
	02	消费税	消费税是对我国境内从事生产、委托加工和进口应税消费品的单位和个人,就其销售额或销售数量,在特定环节征收的一种税
	03	营业税	营业税是对在我国境内提供应税劳务、转让无形资产或销售不动产的单位和个人所取得的营业额征收的一种商品与劳务税
	04	企业所得税	企业所得税是对我国境内的企业和其他取得收入的组织的生产经营所得和其他所得征收的所得税
	05	企业所得税退税	反映财政部门按"先征后退"政策审批退库的企业所得税
	06	个人所得税	个人所得税是以个人(自然人)取得的各项应税所得作为征税对象所征收的一种税
	07	资源税	资源税是以部分自然资源为课税对象,对在我国境内开采应税矿产品及生产盐的单位和个人,就其应税产品销售数量或自用数量为计税依据而征收的一种税
	08	固定资产投资方向调节税	反映地方税务局补征的固定资产投资方向调节税
	09	城市维护建设税	城市维护建设税是以纳税人实际缴纳的增值税、消费税和营业税额为依据所征收的一种税
	10	房产税	房产税是以房产为征税对象,以房产的计税余值或出租房产取得的租金收入为计税依据,向房屋产权所有人征收的一种税
	11	印花税	印花税是对经济活动和经济交往中书立、领受、使用的应税经济凭证所征收的一种税
	12	城镇土地使用税	城镇土地使用税(以下简称"土地使用税")是对使用应税土地的单位和个人,以其实际占用的土地面积为计税依据,按照固定税额计算征收的一种税
	13	土地增值税	土地增值税是对有偿转让国有土地使用权、地上建筑物及其他附着物,并取得增值收益的单位和个人征收的一种税
	14	车船税	车船税是对行驶于我国公共道路,航行于国内河流、湖泊或领海口岸的车船,按其种类实行定额征收的一种税
	15	船舶吨税	船舶吨税是海关代表国家交通管理部门在设关的口岸对进出我国国境的船舶征收的用于航道设施建设的一种使用税

（续表）

科目编码		科目名称	说明
类	款		
101	16	车辆购置税	车辆购置税是以在中国境内购置规定的车辆为课税对象、在特定的环节向车辆购置者征收的一种税
	17	关税	关税是指进出口商品在经过一国关境时,由政府设置的海关向进出口国所征收的一种税
	18	耕地占用税	耕地占用税是对占用耕地建房或从事其他非农业建设的单位和个人,就其实际占用的耕地面积征收的一种税
	19	契税	契税是以所有权发生转移的不动产为征税对象,向产权承受人征收的一种财产税
	20	烟叶税	烟叶税是以纳税人收购烟叶的收购金额为计税依据征收的一种税
	99	其他税收收入	反映除上述项目以外其他税收收入,包括有关已停征税种的尾欠等

2. 我国的税收科目与 SNA 有关税收分类的对应关系

2008 年 SNA 对于"生产和进口税"项下的分类项目,并没有给出准确的定义,更多的是一种阐述性的说明。"生产和进口税"由"产品税"和"其他生产税"两部分组成。关于"生产和进口税"的分类如表 2 所示。

表 2　2008 年 SNA 中的生产税和进口税

编码	税的名称
D2	生产和进口税
D21	产品税
D211	增值税
D212	进口税和进口关税(不含增值税)
D2121	进口关税
D2122	除增值税和关税外的进口税
D213	出口税
D214	除增值税、进出口税以外的产品税
D29	其他生产税

产品税是指对生产、销售、转移、出租或交付货物或服务而征收的税;或

者对以自身消费或资本形成为目的使用货物或服务而征收的税。[①] 其他生产税,主要针对生产中用到的土地、房屋或其他资产的所有权或使用而征收的税;或者针对雇佣劳动力或支付雇员报酬而征收的税。通过以上对各税收科目的介绍,结合 2008 年 SNA 中关于生产税和进口税、经常税等的定义,表 3 列出了我国税收科目与 2008 年 SNA 有关税收分类的对应关系。明确这种对应关系,有助于分析我国国民经济核算所采用的价格和 2008 年 SNA 相应价格之间的差异,对于理清收入初次分配和二次分配中的问题也有帮助。

表 3 我国的税收科目和 2008 年 SNA 有关术语的对应关系

科目编码		科目名称	SNA 的对应分类
类	款		
101	01	增值税	D211 增值税
	02	消费税	D21 产品税
	03	营业税	D214 除增值税、进出口税以外的产品税
	04	企业所得税	所得税
	05	企业所得税退税	所得税
	06	个人所得税	所得税
	07	资源税	财产收入(地下资产地租)
	08	固定资产投资方向调节税	—
	09	城市维护建设税	视同产品税
	10	房产税	大部分属于 D29 其他生产税
	11	印花税	部分属于 D214,部分属于 D29 其他生产税
	12	城镇土地使用税	D29 其他生产税
	13	土地增值税	D214 除增值税、进出口税以外的产品税
	14	车船税	D29 其他生产税 或 其他经常税
	15	船舶吨税	D2122 除增值税和关税外的进口税
	16	车辆购置税	D29 其他生产税 或 所得税、财产税等经常税
	17	关税	D2121 进口关税
	18	耕地占用税	D29 其他生产税
	19	契税	D29 其他生产税
	20	烟叶税	D214 除增值税、进出口税以外的产品税
	99	其他税收收入	

---

① 2008 年 SNA,第 7 章,第 73、88 段。

3. 部分科目的说明

(1) 资源税。资源税对在我国境内开采各种应税自然资源的单位和个人征收。征税范围包括原油、天然气、煤炭、其他非金属矿原矿、黑色金属矿原矿、有色金属矿原矿、盐等7大类。资源税采用从价定率和从量定额的方法征收。2008年SNA中的财产收入项下,包括了地租这一项目(其中一种是地下资产地租)。地下资产的所有者(无论是私人单位还是政府单位)都可以与其他机构单位签订租约,允许它们在特定时期内开采储量,自己则获得作为回报的地租支付。这些支付通常被称为特许权使用费,但在本质上仍是所有者将资产交由其他机构单位在特定时期内处置所得的回报,即地租,2008年SNA也将其处理为地租。该类地租可以采用定期支付固定数额的形式缴纳,也可以根据对资产储量开采数量或体积来确定。因此,将资源税界定为财产收入比较合适。

(2) 房产税。我国目前除了少数试点地区之外,房产税的征收范围仅限于城镇的经营性房屋,这部分的房产税属于其他生产税。试点的针对普通居民住宅征收的房产税,属于资本经常税项下的土地和房屋经常税,指土地或房屋所有者(包括自有住宅者)因使用或拥有土地或房屋而定期(多数情况下为一年)应缴纳的税。[①]

(3) 印花税。印花税是对经济活动和经济交往中书立、领受、使用的应税经济凭证所征收的一种税。企业缴纳的或代征的印花税属于其他生产税。个人缴纳的证券交易印花税,属于产品税中的"金融和资本交易税"。[②] 这有别于所得税项下的资本收益税,它是指对个人(或公司)的资本收益(SNA称

---

① 2008年SNA,第8章,第63 a段。
② 2008年SNA,第7章,第96d段:包括因购买或销售非金融、金融资产而缴纳的税。

之为持有收益）征收的、在当前核算期内到期应付的税,与收益产生的时期无关。①

（4）土地增值税。土地增值税是指转让国有土地使用权、地上的建筑物及其附着物并取得收入的单位和个人,以转让所取得的收入包括货币收入、实物收入和其他收入为计税依据向国家缴纳的一种税赋,其征税范围不包括以继承、赠与方式无偿转让房地产的行为。这种税属于产品税中的"金融和资本交易税",它有别于 2008 年 SNA 中提到的资本税中的"改善性征税",也就是由于政府规划允许为商业或住宅目的开发土地而对农用土地增值所征收的税。②

（5）车辆购置税。车辆购置税对购置汽车、摩托车、电车、挂车、农用运输车等应税车辆的单位和个人征收,车辆购置税实行从价定率的方法计算应纳税额。企业以及住户由于生产活动购置车辆而缴纳的车辆购置税,属于其他生产税。住户由于非生产活动目的购置车辆,而缴纳的车辆购置税属于"所得税、财产税等经常税"项下的"经常税杂项"。

（6）耕地占用税。耕地占用税对占用耕地建房或者从事其他非农业建设的单位和个人,依其占用耕地的面积一次性征收。这是由于在生产过程（建房或其他非农建设）中使用了土地而应缴纳的税,属于其他生产税的范围。

（7）烟叶税。烟叶税对在我国境内收购烟叶（包括晾晒烟叶和烤烟叶）的单位,按照收购烟叶的金额征收。属于"除增值税、进出口税以外的产品税"项下的"一般销售税或流转税"。

---

① 2008 年 SNA,第 8 章,第 61c 段。
② 2008 年 SNA,第 10 章,第 207a 段。

(二) 非税收入

1. 非税收入的分类

如上文所述,我国政府收入的分类中,还有一个重要的项目是非税收入。非税收入(103)包括了7个款,分别是:01款"政府性基金收入";02款"专项收入";04款"行政事业性收费收入";05款"罚没收入";06款"国有资本经营收入";07款"国有资源(资产)有偿使用收入";99款"其他收入"。表4是非税收入分类。

表4 非税收入的分类

科目编码		科目名称	说明
类	款		
103	01	政府性基金收入	反映各级政府及其所属部门根据法律、行政法规规定并经国务院或财政部批准,向公民、法人和其他组织征收的政府性基金,以及参照政府性基金或纳入基金预算、具有特定用途的财政资金
	02	专项收入	包括排污费收入,教育费附加收入等10个项目
	04	行政事业性收费收入	反映根据法律、各类行政法规,省级人民政府财政部门会同价格主管部门共同发布的规定所收取的各项收费收入
	05	罚没收入	反映执法机关依法收缴的罚款(罚金)、没收款、赃款、没收物资、赃物的变价款收入
	06	国有资本经营收入	反映各级人民政府及其部门、机构履行出资人职责的企业上交的国有资本收益
	07	国有资源(资产)有偿使用收入	反映有偿转让国有资源(资产)使用费而取得的收入
	99	其他收入	包括捐赠收入、石油特别收益金专项收入等14个项目

2. 非税收入的一些特点

在非税收入的这些款项中,01款"政府性基金收入"是比较特殊的。它不纳入公共财政预算管理。因此不包含在"公共财政预算收入科目"的非税收入之下。它的主要构成是国有土地使用权出让收入。

02款"专项收入"下的项目,有部分项目可以理解为政府的税收,例如,水资源费、教育费附加、草原植被恢复费等。部分项目实际上是资产销售的收入,例如,铀产品出售收入、国家留成油上缴收入。

至于04款"行政事业性收费收入",包括的项目众多,需要根据SNA的原则来判断区分。例如,"法院行政事业性收费收入"项下的"诉讼费"和"外交行政事业性收费收入"项下的"签证费"等,应认定为是对服务的支付。"工商行政事业性收费收入"项下的"企业注册登记费"和"出版行政事业性收费收入"项下的"计算机软件著作权登记费"等,应该归入到政府税收的范畴。

3. 非税收入中重要的项目:政府性基金收入

财政部有关资料指出,"2011年全国非税收入情况:纳入公共财政预算管理的非税收入14 136亿元;政府性基金预算收入41 363亿元……其中,国有土地使用权出让收入33 166亿元"。[①] 可见,非税收入中,政府性基金虽然不纳入公共财政预算管理,但近几年来,其数额远超过纳入公共财政预算管理的部分。而政府性基金收入的主要部分就是国有土地使用权出让收入。

2007年之前,土地出让收入先纳入预算外专户管理,再将扣除征地补偿和拆迁费用以及土地开发支出等成本性支出后的余额缴入地方国库,纳入地方政府性基金预算管理。从2007年开始,国家对土地出让收入管理制度进行了改革。将全部土地出让收入缴入地方国库,纳入地方政府性基金预算管理,与公共财政预算分开核算,专款专用。土地出让收入缴入国库后,市县财政部门先分别按规定比例计提国有土地收益基金和农业土地开发资金,缴纳新增建设用地土地有偿使用费,余下的部分统称为国有土地使用权出让

---

① 财政部网站:中国财政基本情况(2011);以及财政部《关于2011年中央和地方预算执行情况与2012年中央和地方预算草案的报告》(全国人大第十一届五次会议)。

收入。①

由于国有土地使用权出让收入数额巨大,因此有必要明确对它的处理。土地是一种非生产资产,我国的土地转让只是针对使用权的转让,并未改变土地的法律所有权。目前土地批租或者使用权市场上的拍卖交易可以认为是投资公司或房地产公司,对于一项无形非生产资产(土地使用许可)的购买,而不是对于土地本身的购买。由于这部分的资金收入并不是经过生产或经营活动产生的,仅是一种由国有资产的实物量转化为价值量的政府行为,因此不能作为当期 GDP 的组成部分;但是这种变化会在政府部门的资产负债表中得到体现。

(三) 政府收入的其他部分

我国的政府收入,除了上述的税收收入和非税收入外,还包括了其他几个部分。

社会保障基金收入(代码 102),包括了基本养老保险基金收入、失业保险基金收入、基本医疗保险基金收入等 10 款。

贷款转贷回收本金收入(代码 104),包括了国内贷款回收本金收入、国外贷款回收本金收入、国内转贷回收本金收入、国外转贷回收本金收入 4 款。

债务收入(代码 105),包括国内债务收入和国外债务收入 2 款。

转移性收入(代码 110),包括返还性收入、一般性转移支付收入等 9 款。限于篇幅,本文不对这些类别下的款项进行详细讨论。

三、我国国民经济核算对某些政府收入项目处理方法存在的问题和改进建议

相对而言,我国国民经济核算对于税费的处理过于简化。一方面是由于

---

① 财政部网站:中国财政基本情况(2011)。

基础统计报表中缺少详细的税费项目;另一方面也缺少税费项目对应的详细标准。这造成了部分项目处理相对简单,个别可能还有疏漏或错误。

(一) 工业成本费用调查

工业成本费用调查中,其他制造费用、其他销售费用等包含的其中项"支付给个人和上交给政府部分",都作为增加值来处理,也就是说,认为上交给政府部分都作为税收来处理。实际上,"上交给政府部分"有一部分可能是对政府服务的支付,属于中间投入的部分;还有可能是交纳的罚款等,属于经常转移的范围。

(二) 排污费

我国现行国民经济核算中,排污费是按生产税处理。2008年SNA推荐的排污费处理,远比这种简单的处理复杂。

2008年SNA认为,各国政府正越来越多地将排污许可授权作为控制总排污水平的一种方法。这些许可不涉及自然资产的使用(大气并未被赋予价值,因此它不能作为一项资产),所以要归为税收。从概念上讲,该项许可中内含了可交易性,由此会存在一个活跃的市场,所以该许可构成了资产,应该以其出售的市场价格评估其价值。

如果对污水排放的支付是一种意在杜绝排放的罚款,则该支付应作为一种罚款处理,应该属于经常转移。

如果签发的许可数量有限,且其意在限制排放,则该支付应作为税收处理(前提是污水所进入的介质在SNA中不被视为一项资产)。如果该介质是一项资产,且排放许可中约定的必要条件得到了满足,则对许可的支付应以与上文提到的移动电话无线电频谱使用许可付费的相同方式处理(资产的购买或租赁)。

如果收费与补救活动相联系,则该费用是对一项服务的支付,除非征收的金额与随后的水处理成本完全不成比例(在此情形下应作为一项税收处理)。

(三)绿化费

绿化费是政府非税收入下的"林业行政事业性收费"。目前我国国民经济核算按照中间使用处理。按照规定,收取的绿化费按计划专项用于绿化造林,对于交纳绿化费的企业而言,不存在交纳绿化费后直接享用了某种政府服务,更类似于享受的国防或公共安全服务,因此按税收处理更为合适。

总体而言,政府收入中涉及的项目多样,情况复杂。本文主要梳理了税收项目的一些对应情况。对于更多的非税收入,例如政府性基金收入、行政事业性收费等的梳理还有很多的工作可做。

参 考 文 献

[1] 国家统计局:中国国民经济核算体系(2002)[M],北京,中国统计出版社,2003。

[2] 中华人民共和国财政部:2012年政府收支分类科目[M],北京,中国财政经济出版社,2011。

[3] 许宪春:中国国民经济核算的新发展和SNA修订的挑战[J],统计与信息论坛,2007(1)。

[4] 联合国等编,国家统计局国民经济核算司译:国民经济核算体系(1993)[M],北京,中国统计出版社,1995。

[5] 蒋萍:核算制度缺陷、统计方法偏颇与经济总量失实[M],北京,中国统计出版社,2011。

[6] 国民经济核算司1993 SNA修订问题研究小组:关于无形资产的处理问题[J],统计研究,2006(6)。

[7] 蒋萍:未观测经济:概念框架与测算思路[J],统计研究,2009(3)。

[8] 蒋萍,金剑:统计研究的国际动态与最新进展[J],统计研究,2007(12)。

[9] United Nations, European Commission, International Monetary Fund, Organization for Economic Co-operation and Development, World Bank: System of National Accounts, 2008, New York, 2009.

SNA 关于雇员股票期权的核算方法与中国相应核算方法的引入

杜治秀

一、引言

雇员股票期权作为公司治理的一种重要激励机制,产生于20世纪70年代的美国,在20世纪90年代获得长足发展。目前,雇员股票期权在西方发达国家得到了非常广泛的运用,并取得了较好的激励效果。2006年1月1日,我国的《上市公司股权激励管理办法(试行)》正式实施。此后,我国上市公司的股权激励制度得到了快速发展。据有关机构统计,到2010年,A股上市企业实行股权激励计划的有180家左右,其中约有73%的企业采用股票期权方案,平均计划有效期为5年。[1]

雇员股票期权的发展从20世纪70年代的美国开始,但国民经济核算方面对于雇员股票期权的处理一直没有明确统一的规定。随着雇员股票期权在经济中的重要性不断上升,2008年SNA对雇员股票期权的核算方法给出了明确的规定。本文归纳了2008年SNA关于雇员股票期权的核算方法,并

---

① 德勤管理咨询:中国企业股权激励实务操作,2010。

借鉴其他国家的经验,分析了中国的雇员股票期权按照 2008 年 SNA 核算方法处理后,对中国收入分配情况可能产生的影响。

二、雇员股票期权的定义和会计处理原则

(一) SNA 关于雇员股票期权的定义

2008 年 SNA 对于雇员股票期权的定义是:雇员股票期权是雇主与雇员在某日(授权日)签订的一种协议,根据协议,在未来约定时间(含权日)或紧接着的一段时间(行权期)内,雇员以约定价格(执行价格)购买约定数量的雇主股票。

通常,在授权日,雇主与雇员签订协议,赋予雇员将在未来约定的时间向雇主以约定价格购买约定数量的雇主股票的权力;雇员必须等待一段时间,符合一定的条件,方可得到一项期权。雇员股票期权类似于一种金融衍生工具,如果到期日的公允价值低于其执行价格,雇员也可能不行权,即雇员股票期权对雇员来说不会有负价值。

(二) 美国对于雇员股票期权的定义

在美国,雇员股票期权分为法定型期权(ISO)[①]和非法定型期权(NSO)两种。这两种类型的雇员股票期权的主要区别在于所纳税种不同。无论 ISO 的确认还是执行,对雇员因 ISO 产生的收入征收的均不是普通收入税,同样,也不能从雇主的应纳税所得额中予以抵扣。因此,在美国国民收入和生产账户(NIPA)核算中,ISO 不被视为雇员报酬的一部分。

NSO 是美国最为盛行的一种雇员股票期权,因为它的使用会引起企业纳税申报中雇员报酬费用的变化,故又称为"薪酬式"期权。执行日 NSO 对应

---

① 激励型期权(Incentive Stock Option, ISO)。这种期权在符合美国国内税收法典的限制性条件下,个人收益中部分可作为资本利得纳税,同时可以从公司所得税税基中扣除。

的标的资产的执行价格与市价的差额作为工资列入企业和雇员的纳税申报项目中,雇员因此而产生相关的税负,企业获得相应的税收抵扣。相应的,在国民经济核算中,NSO 在授予日的确认价格和执行价格之间的差额记入雇员报酬。如果 NSO 执行了,那么它就是雇员报酬的一部分,政府对其征收个人所得税。在美国 NIPA 中,只有 NSO 记录为雇员报酬。[①]

(三) 国际上对雇员股票期权进行会计核算的有关准则

美国财务会计准则委员会(FASB)于 1995 年发布了第 123 号公告——股票补偿的会计处理,要求采用公允价值进行股票期权的会计处理。2006 年 9 月 15 日,FASB 发布的第 157 号财务会计准则公告(SFAS No. 157)——公允价值计量,对公允价值计量资产和负债的范围提出了改进性指导。

2004 年,国际会计准则委员会(IASB)颁布了国际财务报告准则第 2 号"以股票为基础的支付"(IFRS2),规定所有股票期权,在授予日使用公允价值法计量,并确认为员工薪酬的一部分。对于公允价值计量,IFRS2 有两种方法。一种是间接计量,假定授权日雇员股票期权的公允价值等于预期在服务期内员工提供对应服务的总价值。在授权日,估计企业预期在服务期内员工提供服务的数量,然后,用授予期权的价值除以该服务数量,得到每单位服务的公允价值,最后用某一会计期间员工服务的数量乘以单位服务的公允价值来计量这一期间所接受的服务。另一种是采用 B-S 模型或二叉树模型估计授权日雇员股票期权的价值。

三、2008 年 SNA 关于雇员股票期权的处理方法

(一) 关于雇员股票期权的记录

在 2008 年 SNA 中,金融资产中的一个类别"金融衍生工具和雇员股票期

---

① Carol E. Moylan: Treatment of Employee Stock Options in the U.S. National Economic Accounts.

权"(金融资产代码:AF7)包括了雇员股票期权。对于雇员来说,雇员股票期权的变化要作为雇员报酬和金融资产的变化分别记录在收入账户和金融账户的资产变动部分;对于雇主来说,雇员股票期权要作为与雇员资产变化相对应的金融负债变化记录在其金融账户;管理雇员股票期权的成本由雇主承担,作为雇主的中间消耗处理。

(二)估价方法

2008年SNA采用IASB的建议,规定授权日期权的公允价值等于当时的行权价格乘以含权日可行权的期望期权数,除以含权日之前的服务年数。如果既没有可观测的市场价格,也没有公司按照上文建议所做的估计,那么期权的价值可利用期权定价模型进行估价。

(三)雇员股票期权的具体账户登录

2008年SNA中与每一个雇员股票期权相关的三个日期分别为:授权日、含权日和行权日,三者的关系如图1所示。

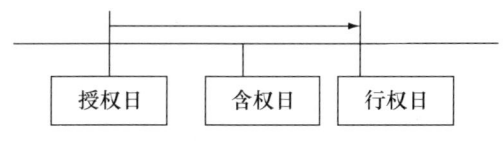

图1 雇员股票期权时间图

将2008年SNA关于雇员股票期权的处理分别按雇主账户与雇员账户形式整理登录,结果如表1和表2所示。

表1 2008年SNA中雇员股票期权账户登录表(雇主方)

	收入分配和使用账户		资产其他变化账户		金融账户		资产负债表	
	使用	来源	使用	来源	使用	来源	使用	来源
授权日(A)	雇员报酬							负债(+)
从A到B	雇员报酬	雇员报酬	负债(±)					负债(±)

(续表)

	收入分配和使用账户		资产其他变化账户		金融账户		资产负债表	
	使用	来源	使用	来源	使用	来源	使用	来源
含权日(B)						雇员股票期权(+)		负债(-),雇员股票期权(+)
从B到C			持有损益(±)					雇员股票期权(±)
行权日(C)					现金(+)/存款(+)	雇员股票期权(-)	现金(+)/存款(+)	雇员股票期权(-),股票(+)

表2 2008年SNA中雇员股票期权账户登录表(雇员方)

	收入分配和使用账户		资产其他变化账户		金融账户		资产负债表	
	使用	来源	使用	来源	使用	来源	使用	来源
授权日(A)		雇员报酬					资产(+)	
从A到B	雇员报酬	雇员报酬	资产(±)				资产(±)	
含权日(B)					雇员股票期权(+)		资产(-)	
从B到C			持有损益(±)				雇员股票期权(±)	
行权日(C)					现金(-)、存款(-),雇员股票期权(-),股票(+)		现金(-)、存款(-),雇员股票期权(-),股票(+)	

注:"+"表示资产或负债增加;"-"表示资产或负债减少;"±"表示资产或负债的可能变化情况,"+"或"-"由具体情况而定。

从表1和表2可以看出,授权日,雇员股票期权分别记录在雇主资产负债表的来源方和雇员资产负债表的使用方,同时,它还要作为雇员报酬记录在雇主与雇员收入分配和使用账户中。

在授权日到含权日之间,雇员股票期权的任何价值或数量的变化记录在雇主与雇员的收入分配和使用账户的同时,分别在它们的资产其他变化账户中记录这一变化。例如,一个雇员股票期权在此期间消失了(如雇员在此期间离开公司),这个过程没有双方的任何协议。这一变化将分别在雇主和雇员的收入分配和使用账户中记录雇员报酬支出的减少和雇员报酬收入的减少,同时分别在雇主和雇员资产其他变化账户中记录负债的减少和资产的减少。

在含权日到行权日之间(包括含权日和行权日),在雇员股票期权被执行前,雇主与雇员之间的协议具有金融衍生工具的性质。因此,在含权日,分别在雇主金融账户的来源方和雇员金融账户的使用方记录雇员股票期权的增加;在含权日和行权日之间,雇员股票期权的任何变化都作为持有损益的变化分别记录在雇主和雇员的资产其他变化账户中;在行权日,雇主和雇员资产负债表中的雇员股票期权减少,雇主的现金或存款增加,雇员的股票增加。这一变化通过金融账户的交易实现而不是资产其他变化账户实现。

2008年SNA规定,应在授权日对雇员股票期权进行估价,并作为雇员报酬记录;如果不能实现,期权价值应该在含权日记录。雇员股票期权在授权日和含权日之间的任何价值变化都被视为雇员报酬的一部分记录在收入分配和使用账户;在含权日与到期日之间的任何变化都将视为雇员的持有损益。但因为数据来源的限制,实际操作中可以将授权日与行权日之间的变化都作为持有损益记录。

四、雇员股票期权核算方法对收入分配的影响

(一)对部分国家经验数据的分析

Scott等(2003)的研究结果表明,1997年至2001年,美国因雇员股票期权产生的雇员个人所得税税负分别为180亿美元、260亿美元、390亿美元、470亿美元和290亿美元;公司由此获得的税收优惠分别为170亿美元、240亿美元、360亿美元、440亿美元和270亿美元。很明显,在这一过程中,企业获得了很大的税收优惠;雇员的税负增加,但这一税负是建立在其收入增加的基础之上的。

在 2008 年 SNA 规定将雇员股票期权视为雇员报酬处理之前,有的国家国民经济账户中的收入不包括由雇员股票期权产生的收入,但包括对雇员股票期权的征税。如芬兰,把由雇员股票期权产生的收入视为资本利得处理,记录到金融账户中,但对雇员股票期权征的税收计入收入账户。Ilja Kristian Kavonius 等(2002)对芬兰的研究表明,1999 年,由雇员股票期权产生的收入对个人可支配收入的贡献为 1.2%,由其产生的税收占个人所得税的 0.7%;2000 年包含雇员股票期权的个人可支配收入比不包含雇员股票期权的个人可支配收入高出 1.6%。除此之外,雇员股票期权对居民储蓄和储蓄率的影响更大,因为雇员股票期权为高收入阶层所持有。一方面,高收入阶层的消费倾向低于低收入阶层的消费倾向;另一方面,储蓄是可支配收入和消费支出的差额。2000 年,芬兰住户部门的储蓄率为 0.3%,而包括雇员股票期权的住户部门的储蓄率为 1.5%。

(二) 雇员股票期权对中国收入分配的影响

根据中国财政部、国家税务总局关于个人股票期权所得征收个人所得税问题的通知(财税[2005]35 号),从 2005 年 7 月 1 日起,对企业员工从股票期权激励计划取得的收入,征收个人所得税,所得税的征收日期为雇员股票期权执行日。

目前,中国国民经济核算中的劳动者报酬项中没有包括雇员股票期权。如果也考虑雇员股票期权,并且按中国关于雇员股票期权的税收制度结合 2008 年 SNA 的规定处理,则中国国民经济核算中各机构部门的收入分配情况较之前会发生一定的变化。具体的可能变化如表 3 所示。

简单起见,将中国机构部门划分为住户、企业和政府三个部门。τ_H 为法定个人所得税税率,τ_C 为法定企业所得税税率。

表3 资金流量表

	住户		企业		政府	
	使用	来源	使用	来源	使用	来源
增加值		-		-		-
劳动者报酬						
工资						
雇员股票期权		+雇员股票期权	+雇员股票期权			
财产收入						
生产税						
初次分配总收入		+雇员股票期权	+雇员股票期权			-
经常转移						
收入税	+雇员股票期权$\times \tau_H$			+雇员股票期权$\times \tau_C$		+$(\tau_H - \tau_C)\times$雇员股票期权
可支配总收入		+$(1-\tau_H)\times$雇员股票期权	+$(1-\tau_C)\times$雇员股票期权			+$(\tau_H - \tau_C)\times$雇员股票期权
最终消费	+					
总储蓄		+				

注:"-"表示该项数值较之前没发生变化;"+"表示该项数值较之前增加。

住户部门的劳动者报酬因其获得雇员股票期权而增加,这会使得在其他条件不变的情况下,住户部门的初次分配总收入较之前增加。在收入的再分配过程中,住户部门由于获得雇员股票期权而缴纳相应的个人所得税,由此计算的住户部门的可支配收入增加量为:雇员股票期权 - 雇员股票期权$\times \tau_H$。住户部门可支配收入的增加,会导致其储蓄的增加。另外,根据财富效应,消费也会相应地增加。但一般情况下,消费的增长不会超过储蓄的增长,这样住户部门的储蓄率会上升。

企业部门中,无论是采用生产法计算增加值的行业,还是收入法计算增加值的行业,其增加值都不会因为雇员股票期权而发生变化。因为雇员股票期权记录为雇员报酬的同时,减少了企业的营业盈余,企业的增加值不会变化。在以增加值为起点的收入初次分配过程中,雇员股票期权费用增加,企业的初次分配总收入较之前减少;在收入再分配过程中,企业因获得了相应的税收优惠,其可支配收入的减少量将小于初次分配总收入的减少量,为:$(1-\tau_C)\times$雇员股票期权。

政府部门主要是提供公共服务的生产部门,它不会发行雇员股票期权。政府部门的增加值也不会因雇员股票期权的变化而变化。在以增加值为起点的收入分配中,政府部门的初次分配总收入不会变化。在收入再分配过程中,政府部门的可支配总收入较之前会发生变化,因为政府部门虽然减免了企业由于雇员股票期权而产生的企业所得税,但这一部分将由雇员的个人所得税填补。如果个人所得税税率高于企业所得税税率,则政府部门的可支配收入较之前会增加。

参 考 文 献

[1] 联合国等编,国家统计局国民经济核算司、中国人民大学国民经济核算研究所译:国民经济核算体系[M],北京,中国统计出版社,2008。

[2] 国民经济核算司1993年SNA修订问题研究小组:关于雇员股票期权的核算——1993 SNA 修订问题研究系列之三[J],统计研究,2006(5)。

[3] 蒋萍:核算制度缺陷、统计方法偏颇与经济总量失实[M],北京,中国统计出版社,2011。

[4] 蒋萍,刘丹丹,王勇:SNA研究的最新进展:中心框架、卫星账户和扩展研究[J],统计研究,2013(3)。

[5] 蒋萍,金剑等:统计研究的国际动态与最新进展——国际统计学会第50届大会纪要[J],统计研究,2007(12)。

[6] 德勤管理咨询:中国企业股权激励实务操作[M],Available:http://doc.mbalib.com/view/28952c1727a803dd6c1be1e7b10e8d44.html,2010。

[7] Financial Accounting Standards Board. SFAS No. 157—Fair Value Measurements[S], Available: WWW. FASB. org,2006.

[8] International Monetary Fund: Monetary and financial statistics: compilation guide [M], Washington D. C. : International Monetary Fund, 2008.

[9] Eurostat: European System of National and Regional Accounts [J], Official Journal of the European Union, 2013(6).

[10] European central bank: Guideline of the European central bank on the statistical reporting requirements of the European Central Bank in the field of external statistics [J]. Official Journal of the European Union, 2011(23).

[11] International Monetary Fund: Balance of payments and international investment position manual [M], Washington D. C. : International Monetary Fund, 2009.

[12] Carol E. Moylan: Treatment of Employee Stock Options in the U. S. National Economic Accounts [C], Available: http://www. bea. gov/papers/pdf/empstop,2000.

[13] Carol E. Moylan: Employee Stock Options and the National Economic Accounts [C]. Available: http://www. bea. gov/methodologies/index. htm ,2008.

[14] Scott Jaquette, Matthew Knittel, and Karl Russo: Recent trends in stock options[A]. Available: http://www. treasury. gov/resource-center/tax-policy/Pages/otapaper_index. aspx, 2003.

[15] Ilja Kristian Kavonius and Eeva Hamunen: Employee Stock Options and Holding Gains in National Accounts: An Empirical Paper from the Finnish Household Sector Point of View [C]. Paris: OECD meeting of national accounts experts Château de la Muette, 2002.

SNA关于社会保险核算的处理及中国社会保险核算的改革研究

吕 峰

一、引言

社会保险是为丧失劳动能力、暂时失去劳动岗位或因健康等原因造成损失的群体提供收入或补偿的一种社会和经济制度。在社会保险计划下,投保人或其雇主必须将收入的一部分作为社会保险费上缴,形成社会保险缴款,同时社会保险的投保人或受益人在满足一定条件的情况下,可以获得养老金、医疗保险金、失业保险金、抚恤金等形式的社会福利。一般来说,社会保险的主要项目包括养老社会保险、医疗社会保险、失业保险、工伤保险、生育保险等。

作为一种再分配制度,社会保险对于降低收入分配差距、促进社会稳定具有重要作用。在国民经济核算中,与社会保险相关的社会缴款和社会福利是收入再分配账户经常转移项目的重要组成部分。除此之外,与社会保险有关的核算项目在生产账户、收入初次分配账户、收入使用账户和金融账户等账户中也都有重要体现。如何对社会保险进行全面而准确的核算,一直是国民经济核算工作中的一个难点问题。

根据近年来世界各国社会保险发展的实际情况,2008 年 SNA 对社会保险的核算进行了较大幅度的修订。2008 年 SNA 对社会保障以外的社会保险进行分类时,不再像 1993 年 SNA 那样主要基于设立基金和未设立基金进行分类,而是主要基于养老金和非养老金进行分类。在社会保障以外的养老金计划中,2008 年 SNA 引入了一个新的分类,定额缴款养老金计划和定额福利养老金计划。另外,对于哪些社会保险权益能够形成金融资产和负债,2008 年 SNA 也有一些新的规定。本文第二部分对 2008 年 SNA 关于社会保险的处理规定进行介绍,并与 1993 年 SNA 中的处理规定进行对比。第三部分介绍我国社会保险核算的现状及存在的问题。第四部分就我国社会保险核算提出改进建议。

二、2008 年 SNA 关于社会保险的处理规定

(一) 社会保险的定义

在 2008 年 SNA 中,社会保险计划被定义为一种契约式保险计划,投保人在第三方的强制或鼓励下参与保险,以防范特定的不确定事件。一项社会保险计划需满足以下两个条件:

(1) 福利的取得是以参加计划为前提的,并构成 SNA 中所谓的社会福利。

(2) 至少满足下列条件中的一个:

第一,参与计划是强制性的,这种强制性要么由法律规定,要么作为雇员就业的条件;

第二,该计划是一个集体性计划,旨在谋求特定群体(雇佣或非雇佣)的

利益,并仅限该群体成员参加;

第三,无论雇员是否向计划缴款,雇主都要代表雇员向计划缴款(实际地或虚拟地)。

参与社会保险计划的人向计划缴款(或由别人代缴)并取得福利。社会保险缴款是指为了使指定受益人有权取得社会福利而应向社会保险计划支付的金额。社会保险福利是指受益人由于参与了某项社会保险计划,在特定情况发生时得到的社会福利。

同1993年SNA对比,2008年SNA关于社会保险、社会缴款和社会福利的定义没有实质性变化。

(二) 社会保险的分类

在2008年SNA中,首先将社会保险区分为社会保障和社会保障以外的其他就业关联社会保险。

在许多国家,社会保障计划是最重要的一类社会保险计划,它一般会覆盖整个社会或社会大部分群体。该计划由政府单位收取缴款、进行管理并提供经费,其目的在于向全体社会成员或社会特定群体的成员提供社会福利。一般来说,社会保障计划的缴款具有强制性,但也有一些其他个人为了获得享受社会保障福利的资格而选择自愿缴款。社会保障计划可分为社会保障养老金计划和社会保障非养老金计划。

社会保障以外的其他就业关联社会保险一般是由保险公司或雇主自身来管理,它会对社会保障计划起到补充作用。在一些社会保障体系不完善的国家,其他社会保险计划有可能成为社会保险的主要部分。此外,2008年SNA还指出,政府单位为自身雇员而非全体人口所单独组织的社会保险计划,应该归为其他就业相关计划,而不是社会保障计划。其他社会保险计划可分为其他社会保险养老金计划和其他社会保险非养老金计划。其中养老金计划可进一步细分为定额缴款养老金计划和定额福利养老金计划,非养老金计划可进一步细分为备资非养老金计划和无备资非养老金计划。

在1993年SNA中,社会保险计划被分为三个主要类别,分别是社会保障计划、私营基金计划和未备基金的社会保险计划。其中私营基金计划又可进一步细分为自主私营基金计划和非自主私营基金计划。可以看出,在1993年SNA中,社会保险分类的着眼点在于是否备有专项基金。而在2008年SNA中,社会保险分类的着眼点则在于区分养老金和非养老金。2008年SNA做出这样的区分是很重要的,因为2008年SNA对某些养老金确认了金融资产和负债项目,而不管在实际中是否设立了专项基金。但是对于非养老金,只有在专项基金实际存在时才会被确认为金融资产和负债。表1给出了2008年SNA和1993年SNA在社会保险分类方面的对比。

表1 社会保险分类对比

2008年SNA	1993年SNA
社会保险计划 　社会保障计划 　　社会保障养老金计划 　　社会保障非养老金计划 　其他就业关联社会保险计划 　　其他社会保险养老金计划 　　　定额缴款养老金计划 　　　定额福利养老金计划 　　其他社会保险非养老金计划 　　　备资非养老金计划 　　　无备资非养老金计划	社会保险计划 　社会保障计划 　私营基金计划 　　自主私营基金计划 　　非自主私营基金计划 　未备基金的社会保险计划

此外,2008年SNA还在其他社会保险养老金计划中引入了一个新的分类,即区分为定额缴款养老金计划和定额福利养老金计划。这个新分类的引入反映了近年来养老金制度的实际发展情况。定额缴款计划是指雇员退休时得到的养老金福利,只取决于工作期间的缴款和缴款带来的投资收入。定额福利计划是指雇员退休时得到的养老金福利,是通过一个公式确定的,或

以公式确定额为最小值。通俗地说,定额缴款计划下,缴款的额度是确定的,福利的额度基本由缴款额度来决定(再加上投资收入);在定额福利计划下,福利的额度是确定的,一般来说与缴款额度的直接关联度不高。相对来说,定额福利养老金计划的核算要复杂一些,因为它不但要计算实际社会缴款,还要计算虚拟社会缴款。

(三) 社会保险相关项目在国民账户序列中的记录

从理论上来说,与社会保险有关的核算项目在整个国民账户序列的所有流量和存量账户中都有所体现。为节省篇幅、突出重点,本文选取了生产账户、收入形成账户、初始收入分配账户、收入再分配账户、收入使用账户和金融账户等几个主要的流量账户进行讨论。

1. 生产账户

2008 年 SNA 认为,管理任何社会保险计划(包括非自主计划和未设立基金的计划)都需要成本,因此原则上社会保险计划都应当有一个产出值。对于社会保障计划和雇主自己运作的社会保险计划,应使用成本法来计算产出。对于社会保障计划,如果不能识别出独立的单位,则其产出可一并包括在其所属的政府单位产出中。对于雇主委托保险公司管理的社会保险计划,其产出的价值等于保险公司收取的费用。按照惯例,社会保险计划的产出,被认为是由社会保险的参与人(住户部门)消费了。

在 1993 年 SNA 中,非自主社会保险计划和未设基金社会保险计划的活动被视为附属活动,不单独计算产出。

2. 收入形成账户

在收入形成账户中,雇主社会缴款是雇员报酬的重要组成部分,记录在雇主所属机构部门的使用方。雇主缴款分为实际缴款和虚拟缴款。对于这两类缴款,都应进一步细分为养老金缴款和非养老金缴款。实际缴款按实际发生的数额进行记录。对于虚拟缴款,则应根据不同情况分类处理。

对于养老金计划,存在社会保障养老金、定额缴款养老金、定额福利养老金三种形式。其中对于社会保障计划,不需计算虚拟缴款。对于定额缴款养老金计划,一般也不需计算虚拟缴款。① 对于定额福利养老金计划,不管是否设立了专门基金,都需要计算虚拟缴款,其额度等于因当期就业导致的养老金权益增长加上养老金计划的管理成本,减去雇主和雇员所有的实际缴款。也就是说,实际缴款和虚拟缴款的加总,要等于养老金计划对雇员金融负债的增长和管理成本的加总。

对于非养老金计划,只需对未设立专门基金的非养老金计划计算虚拟缴款。在实践中,较为可取的办法是将核算期内对应的非养老金福利作为虚拟缴款的额度。

在1993年SNA中,对于所有的未备基金社会保险都计算虚拟缴款,并且都以相应的社会福利作为虚拟缴款的额度。

3. 初始收入分配账户

在初始收入分配账户中,雇主社会缴款记录在雇员所属机构部门(住户部门)的来源方,成为住户部门的收入,其额度与收入形成账户中的数值相等。

此外,在养老金权益的应付投资收入(财产收入的一部分)的核算中,定额缴款计划和定额福利计划的记录方式是不同的。对于定额缴款计划来说,投资收入记录在住户部门的来源方,按实际发生额记录。对于定额福利计划来说,投资收入记录在养老金所属部门的来源方,按实际发生额记录。这是

---

① 2008年SNA在这个问题的处理上存在前后矛盾之处。2008年SNA,第7章,第64段阐明,对于定额缴款计划,在雇主自己管理计划的情况下需要计算虚拟缴款,并给出了计算方法。但在第17章,第133—143段及表17.10中,则明确说明定额缴款计划不存在虚拟缴款。本文主要采信了2008年SNA第17章的说法。

因为2008年SNA认为,定额缴款计划的资产是属于住户的,而定额福利计划的资产则是属于养老基金的。除此之外,2008年SNA还规定,对于定额福利计划,应虚拟计算一笔由养老金基金向住户的投资收入,该虚拟投资收入源自既往服务的养老金权益的增加,即现职员工的退休年份又逼近了一年,以往累计的养老金权益的贴现值也要相应扩大。该数额可通过精算的方式计算得到,与养老金基金本身实际赚取的投资收入数值没有联系。

在1993年SNA中,对于所有的养老金权益的应付投资收入的处理方式都是一致的,即认为投资收入应归属于住户部门,记录在住户部门的来源方。

4. 收入再分配账户

在2008年SNA的收入再分配账户中,净社会缴款和社会福利构成了经常转移的主要内容。

对于净社会缴款来说,需要分别记录雇主实际社会缴款、雇主虚拟社会缴款、住户实际社会缴款和住户追加社会缴款,将它们加总后再减去社会保险计划服务费,就得到了净社会缴款。净社会缴款记录在住户部门的使用方和社会保险基金所属部门的来源方,反映了住户向社会保险的缴款。其中雇主和住户的实际社会缴款都按实际发生额记录,雇主虚拟社会缴款按前述方法计算得到的数值记录,住户追加社会缴款等于住户部门的养老金权益的应付投资收入。对于定额福利计划来说,要记录的是前述的养老金基金虚拟支付给住户部门的投资收入数值,而不是养老金基金在投资活动中实际赚取的额度。对于社会保险计划服务费来说,它并不是再分配交易,而是产出和消费支出的一部分,之所以在这里列示,主要是为了得到雇主和雇员的各项缴款中真正用于社会保险缴款,而不是用于购买社会保险服务的部分。

在1993年SNA中,没有净社会缴款的概念,社会缴款按总额计算,没有扣除其中属于购买社会保险服务的部分。

另外,对于社会保障基金和政府单位之间的转移收入,比如政府对于社会保障基金的补贴,2008 年 SNA 和 1993 年 SNA 都记录为一般政府内经常转移,列入其他经常转移中。

5. 收入使用账户

在 2008 年 SNA 和 1993 年 SNA 中,社会保险服务都在收入使用账户中被记录为住户部门的最终消费支出。按照净社会缴款和对应社会福利之间的差额,计算养老金权益变动调整,记录在住户部门的来源方和社会保险基金部门的使用方,以达到非金融账户和金融账户之间的平衡。

6. 金融账户

在 2008 年 SNA 中,与社会保险有关的金融资产和负债有三个项目,分别是养老金权益、养老金经理人的养老基金债券和非养老保险金权益。在 1993 年 SNA 中,与社会保险有关的金融资产和负债未单列,包括在"住户在人寿保险准备金和养恤基金上的净权益"项目中。

在 2008 年 SNA 中,所有的养老金承诺(不管是否存在专门设立的基金)都被视为对住户的负债,从而确认为金融资产和负债。1993 年 SNA 只对设立了专门基金的"私人"社会保险计划确认金融资产和负债。

对于定额福利养老金计划,2008 年 SNA 认为其资产是属于养老金计划的,而按照 1993 年 SNA 的原则,此类计划的资产应被视为属于住户的。

2008 年 SNA 和 1993 年 SNA 都未将社会保障基金的权益确认为金融资产和负债,但鉴于此类信息的重要性,2008 年 SNA 建议在一个附属表中对此进行估计。

三、中国社会保险核算的现状及其存在的主要问题

(一)目前中国存在的主要社会保险形式

目前,中国存在的主要社会保险有以下几种形式:

1. 城镇职工社会保险制度

城镇职工社会保险制度是以城镇职工为保障对象的社会保险制度体系,主要项目有养老社会保险、医疗社会保险、失业保险、工伤保险和生育保险。缴费采取企业和职工共同承担的方式。按照SNA的标准,这种制度应属于社会保障计划。

2. 行政事业单位离退休养老及公费医疗制度

目前,大部分行政事业单位未参加城镇职工社会保险,而是采用离退休养老及公费医疗制度进行社会保障。在这种制度下,行政事业单位工作人员未缴纳保险费,国家也未设立专门基金。职工离退休后,一般情况下按照工作期间工资水平的一定比例领取离退休金。职工产生医疗费用后,工作单位按照一定比例予以报销。按照SNA的标准,这种制度应属于其他就业关联社会保险计划。更具体地说,离退休养老制度属于定额福利养老金计划的一种,公费医疗制度属于无备资非养老金计划的一种。

3. 新型农村社会养老保险和新型农村合作医疗保险

新型农村社会养老保险(简称"新农保")和新型农村合作医疗保险(简称"新农合")是近年来出现的两类新的社会保险制度,它们以保障农村居民的养老和医疗为目的,采取个人缴费、集体补助、政府补贴相结合的筹资模式,自愿参加。按照SNA的标准,这两种保险制度都应属于社会保险计划。

4. 企业年金计划

企业年金计划是指企业在政府强制实施的基本养老保险制度之外,根据自身经济实力和经济状况建立的退休养老计划。企业年金可为本企业职工提供一定程度的退休收入保障,成为基本养老保险的重要补充。企业年金计划一般由专门的金融机构代为管理,采用企业和职工共同缴费的方式。按照SNA的标准,企业年金计划应属于其他社会保险养老金计划。按照福利发送模式不同,又可分为定额缴款计划和定额福利计划。

(二) 中国社会保险核算现状

目前,中国的社会保险核算,主要体现在 GDP 生产核算和资金流量核算中。

1. GDP 生产核算

在 GDP 生产核算中,城镇职工社会保险制度中的各项缴款,包括企业缴款和职工个人缴款,均被作为劳动者报酬的组成部分处理。

行政事业单位的离退休金和公费医疗费用,均被作为劳动者报酬的组成部分处理。

对于新农保和新农合来说,由于农林牧渔业劳动者报酬采用倒减的方式计算,即用生产法得到的增加值减去生产税净额和固定资产折旧得到,因此农村居民自身缴纳的保险费理论上来说已经涵盖在劳动者报酬中了。[①]

对于企业年金来说,按照我国相关的会计处理规定,企业年金应记录在养老保险费项目下。GDP 生产核算在计算企业单位劳动者报酬时,已经将养老保险费纳入,从这个意义上来说,企业年金也已被作为劳动者报酬的组成部分处理。

2. 资金流量核算

在资金流量表的编制中,劳动者报酬的数据利用住户收入调查中的相关增速外推计算,但其中单位社会保险付款(相当于 SNA 中的雇主社会缴款)的数据未单列。事实上,这种处理方法相当于认为社会保险付款的增速与住户收入等速增长。

---

① 农村居民为新农保和新农合支付的保险费来自农林牧渔业总产出,由于农林牧渔业中间投入中没有包括这部分费用,因此这些保险费包含在了农林牧渔业增加值中。又由于农林牧渔业生产税净额和固定资产折旧中均不包括新农保和新农合的保险费,因此从理论上来说,倒减得到的农林牧渔业劳动者报酬中就包括了这些保险费。

对于城镇职工社会保险制度,社会保险基金的投资收入被记录为住户部门的财产收入,企业和职工个人的缴款、基金的投资收入被记录为住户部门的社会保险缴款,财政补贴被记录为政府部门的社会保险缴款,社会保险基金的支出被记录为支付给住户部门的社会保险福利。

对于新农合和新农保,利息收入被记录为住户部门的财产收入,个人缴款、集体补助和利息收入被记录为住户部门的社会保险缴款,财政补贴被记录为政府部门的社会保险缴款,基金支出被记录为住户部门的社会保险福利。

(三) 中国社会保险核算存在的主要问题

1. 社会保险的核算范围不全

如前所述,按照2008年SNA的定义,中国的行政事业单位离退休养老制度应属于定额福利养老金计划的一种,公费医疗制度应属于无备资非养老金计划的一种。目前,在我国的核算中,仅在劳动者报酬中包括了离退休金和公费医疗,在经常转移等其他项目中则没有按照SNA的建议予以考虑。此外,在经常转移的核算中,也没有对企业年金予以考虑。

2. 社会保险核算项目的资料来源不一致

在GDP生产核算的劳动者报酬(包含了雇主社会缴款但未单列)核算中,基础资料来自企业财务状况调查和行政事业单位财务状况调查。在资金流量表中,劳动者报酬(包括了雇主社会缴款但未单列)的核算主要利用住户收入调查资料;经常转移中的社会保险缴款和社会保险福利的核算主要利用来自人力资源和社会保障部、卫生部等社会保险主管部门的行政管理记录。使用不一致的基础资料进行核算,很难得出协调一致的核算结果。

3. 政府补贴的处理与2008年SNA的要求不一致

在城镇职工社会保险、新农保和新农合中,政府补贴均被作为政府部门对社会保险基金的社会缴款处理,而按照 SNA 的规定,这部分内容应该被记录为一般政府内的经常转移,纳入其他经常转移中。现行的处理方法虽然不会影响经常转移总额的核算,但会影响社会保险缴款和其他经常转移的核算。

4. 未考虑与社会保险有关的金融资产和负债

在我国的资金流量表金融交易部分(相当于 SNA 中的金融账户),没有对养老金权益等与社会保险核算有关的金融资产和负债进行核算,这将不利于全面地反映住户部门的金融资产和负债状况。

四、对中国社会保险核算的几点改进建议

(一)深入研究行政事业单位离退休养老和公费医疗制度的处理

目前,我国的行政事业单位离退休人员是一个较为庞大的群体,行政事业单位的公费医疗费用每年也是一笔相当可观的数字。对于这两类重要的社会保险制度,如果不能在国民经济核算中进行准确的反映,势必影响核算结果的客观性和国际可比性。在收入分配问题越来越成为社会关注焦点的今天,对离退休养老和公费医疗制度的处理进行深入研究更凸显其必要性和紧迫性。

(二)使用统一的基础资料进行社会保险相关核算

如前所述,目前在社会保险相关项目的核算中,存在基础资料不一致的状况。基础资料的不一致,必然导致核算结果的不一致。鉴于社会保险在国民经济核算中占有的重要地位,有必要使用统一的基础资料进行社会保险相关项目的核算。几种不同的基础资料相比较而言,社会保险的行政记录资料覆盖面较为完整,数据较为真实可信。利用行政记录计算得到的社会保险相关数据,可以作为国民经济核算中社会保险核算的基准。

（三）深入研究中国社会保险现状，及时调整核算方法

目前，我国处在一个社会保险制度变化较快的阶段。很多行政事业单位正在推进养老和医疗保险制度改革，由离退休养老和公费医疗逐步转向城镇职工社会保险。新农保、新农合都是近年出现的新事物，仍在不断改革和完善过程中。企业年金出现的时间也不长，但近年来发展较快，成为基本社会保险制度的重要补充。此外，全国社会保障基金这一机构的活动目前虽不属于社会保险的核算内容，但它设立的初衷是作为重要的战略储备，在今后人口老龄化高峰来临时弥补社会保障的缺口，因此迟早会成为社会保险的核算内容。对于这些新情况和新变化，国民经济核算理论研究工作者和实际工作者应保持高度的敏感性，及时在国民经济核算中予以客观反映。

（四）密切追踪国际上的研究动态，尽量采用国际标准处理方法

社会保险核算一直都是国民经济核算的一个难点问题，同时也是近年来的一个热点问题。近年来联合国、经济合作与发展组织、国际货币基金组织等国际组织多次召开相关研讨会，对2008年SNA中社会保险核算中一些悬而未决的问题开展研究讨论。特别是对于2008年SNA引入的定额缴款计划和定额福利计划这两个新的概念，在一些具体细节的处理上国际社会尚未达成最终的一致意见。在这种情况下，我们有必要对国际上的最新研究动态进行密切追踪。同时，对于一些较为容易实现的处理方法，建议尽量按照国际标准的规定开展核算，以增强核算结果的国际可比性。

参 考 文 献

[1] 联合国等编,国家统计局国民经济核算司译:国民经济核算体系(1993)[M],北京,中国统计出版社,1995。

［2］国家统计局国民经济核算司:中国经济普查年度资金流量表编制方法［M］,北京,中国统计出版社,2007。

［3］成学真、雷霄雯:我国社会保险基金管理和投资运营问题研究［J］,上海金融,2007(1)。

［4］蒋萍、田成诗、尚红云:中国卫生行业与经济发展关系研究［M］,北京,人民出版社,2009。

［5］国家统计局国民经济核算司:中国第二次经济普查年度国内生产总值核算方法［M］,内部资料,2011。

［6］蒋萍:核算制度缺陷、统计方法偏颇与经济总量失实［M］,北京,中国统计出版社,2011。

［7］"SNA的修订与中国国民经济核算体系改革"研究小组:SNA的修订及对中国国民经济核算体系改革的启示［J］,统计研究,2012(6)。

［8］"SNA的修订与中国国民经济核算体系改革"研究小组:SNA的修订对GDP核算的影响研究［J］,统计研究,2012(10)。

［9］联合国等编,国家统计局国民经济核算司、中国人民大学国民经济核算研究所译:国民账户体系(2008)［M］,北京,中国统计出版社,2012。

［10］国家统计局:中国统计年鉴(2012)［M］,北京,中国统计出版社,2012。

［11］United Nations, European Central Bank:Financial Production, Flows and Stocks in the System of National Accounts, New York,2014.

SNA 关于资本服务核算及对国民账户的影响

江永宏

资本在生产过程中发挥着重要作用,它是国民财富的重要组成部分,也是国民收入的主要来源之一。在宏观经济学中,资本测算及其对生产的贡献一直都是理论界的研究热点。资本测算包括两个方面,资本存量测算和资本服务测算。资本存量测算是国民账户体系的重要组成部分,它主要涉及资本存量总额和资本存量净额,其差额是固定资本消耗。资本存量测算的结果是资产负债表中的具体登录项目,固定资本消耗同时也是生产账户中增加值的构成项。资本服务测算则主要用于全要素生产率研究和生产分析,它反映了生产过程中的资本投入数量。在过去,SNA 中的资本测算主要涉及资本存量方面,而对资本服务的讨论则较少。

随着生产率测算和生产分析日益受到重视,人们越来越认识到资本服务的重要性,认为应该将资本存量和资本服务纳入到统一的框架体系中。于是,最新修订的 2008 年 SNA 引入了资本服务的内容。

一、资本服务的基本概念

（一）资本服务是资本投入的最佳估计

在生产过程中，资本、劳动和其他要素联合在一起参与生产，并对生产做出贡献。劳动对生产的贡献被视为雇员报酬，相应的，资本对生产的贡献被视为资本服务。在生产中，资本和劳动者只是被使用而不是被消费，它们对生产过程的投入都是服务流。类似于劳动者是提供劳动服务的载体，资本也是提供资本服务的载体。然而，资本的价值是载体的全部价值，而资本服务的价值只是资本在该期所提供的服务流的价值。因此在生产率测算中，资本服务才是资本投入的最佳估计，而不是资本本身。目前，资本服务作为资本投入是一个被普遍接受的观点，OECD 出版的《资本测算手册》和《生产率测算手册》都对此进行了确认。

资本服务理论最早可以追溯到 Jorgenson(1963)的工作，他在研究资本理论和投资表现时，首次对资本服务进行了测算。资本服务理论在后来的生产率研究和资本测算中得到了很大发展。《资本测算手册》对资本服务的定义是：每一时期从资本资产流向生产过程的生产投入。可见，资本服务是资本对生产的贡献，衡量的是生产过程中的资本投入。首先，资本服务是一个物量指标，是资本所提供的服务流量。比如，一栋办公室所提供的服务流量就是该建筑物在一定时期内给职员提供的舒适的场所服务。其次，资本服务作为生产要素之一，它有自己的价格或价值。资本服务的价值是该资产所提供的服务数量乘以这些服务的价格。通常，资本服务的价值也被简称为资本服务。所以，2008 年 SNA 对资本服务的定义是：生产账户和资产负债表中记录的用于生产过程的资产的价值变化。

（二）产生资本服务的资产范围

2008年SNA认为,在生产中使用非金融资产,或者在一段时期内持有非金融资产,均可产生收益。产生资本服务的资产是那些对生产有贡献的非金融资产。具体来讲,它包括固定资产、存货、自然资源和那些在生产中使用的合约、租约和许可。而持有贵重物品产生的收益,是作为价值贮藏手段持有而获得的,因此贵重物品没有参与生产的贡献,不在资本服务的考虑范围之内。

固定资产是生产中使用最普遍的非金融资产,在过去很长一段时间,资本服务的测算主要针对固定资产。这是因为在实际测算中,很难估计除固定资产外的其他非金融资产所提供的资本服务。尽管如此,SNA认为资本服务应该来自任何能带来预期收益的资产,包括存货、自然资源和土地等。存货是一种重要的生产资产,它在生产中的作用主要表现为:材料和用品能够平滑生产过程,在制品是下一阶段产出的中间投入,制成品和供转售的货物可以使流通过程更顺利,军事存货可以威慑对手以提供保障安全的服务。自然资源虽然是非生产资产,但它在生产中的作用与固定资产相同。固定资产因使用而导致存量价值下降,自然资源也会因使用而导致存量价值下降,它们参与了生产并对生产做出了贡献。土地作为一种最古老的非生产资产,在生产中也扮演着极其重要的作用,是生产活动赖以进行的场所。类似地,生产中使用合约、租约和许可也可获得收益。因此,这些资产都被认为提供了资本服务。

二、资本服务与相关概念辨析

（一）资本服务与资本测算

资本服务是资本测算的重要内容之一,图1显示了国民账户体系中的资本服务与其他资本测算指标的相互联系,包括资本形成总额、资本存量总额、资本存量净额、固定资本消耗和生产性资本存量等。

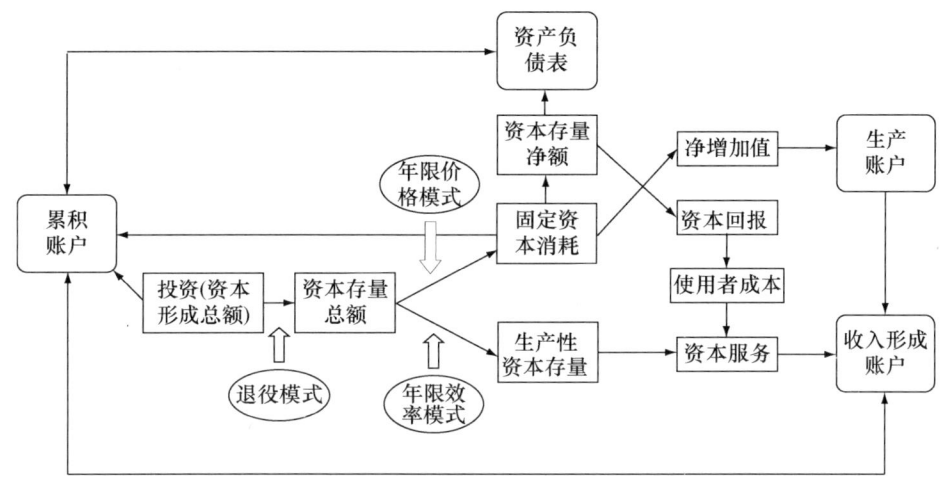

图1 资本测算及国民账户体系中的资本服务

首先,现在的资产是过去投资的结果,现在的资本存量和资本服务都是过去资本形成的累积,即资本形成是资本存量和资本服务的共同基础。过去的投资序列在经过退役模式校准后,可以得到资本存量总额,它是以前获得的现在仍在使用的资产用同类型新资产价格重新估价的结果。资本存量总额本身并不是 SNA 的构成项目,但它是测算资本存量净额和资本服务的传统起点。其次,资本存量净额是资本存量总额扣除固定资本消耗后剩下的部分,它出现在 SNA 的期初和期末资产负债表中。固定资本消耗是一定时期内资本存量现值的耗减部分,一方面它是增加值的构成项,出现在生产账户中;另一方面,它也是累积账户的具体登录项目。再次,生产性资本存量是不同时期相同类型的资产通过年龄效率模式转换为标准效率单位后的数量,它反映的是该资产的生产能力,是该资产所能提供的资本服务总和。所以,一定时期内的资本服务通常也被认为是生产性资本存量中占有一定比例的一部分。

因此,资本服务和其他资本测算指标密切相关,它们构成了资本测算的核心内容,并被有机地纳入到统一的国民账户体系框架下。资本形成是资本测算的基础,资本存量和资本服务也相互联系、相互影响。一方面,资本存量是资本服务的载体,它在生产中提供了资本服务流量;另一方面,资本服务是资本存量对生产的贡献,其贡献大小反过来影响资本存量价值的高低。

(二)资本服务与总营业盈余

长期以来,营业盈余被认为是生产中的资产回报。当产出按基本价格估计时,总营业盈余是总增加值减去雇员报酬、混合收入和其他生产税净额后的平衡项。净营业盈余则是总营业盈余扣除固定资本消耗后剩下的部分。根据定义,资本服务是资产对生产的贡献,那么以基本价格计算的产出在扣除中间投入和弥补劳动力价格的雇员报酬后,剩下的部分可以看成是资本服务。所以,在不考虑混合收入和其他生产税净额的情况下,资本服务和总营业盈余大致相等,它们都是收入形成账户中的平衡项,都是对固定资本消耗和资产回报之和的估计。因此,一旦资本服务和总营业盈余都测算出来,这两者可以相互验证。如果估计的资本服务和总营业盈余相差较大,就有理由怀疑用于生产的资产范围和资产估价是否合理,或者总营业盈余估计是否可靠。

在考虑混合收入和其他生产税净额的情况下,资本服务所覆盖的内容比总营业盈余丰富。资本服务描述的是所有资产在生产中的贡献,在计算资本服务时需要汇总所有属于资本服务的部分。对混合收入而言,由于它是部分雇员报酬和部分资本服务混合计算的结果,因此要得到全部的资本服务,首先应对混合收入进行分解,分别估计出属于雇员报酬的部分和属于资本服务的部分。对其他生产税净额而言,也需要做类似的处理。其他生产税是生产中因使用土地、固定资产和雇佣劳动力而缴纳的税收。要得到全部的资本服务,也应该先估计出其他生产税净额中属于资产的贡献部分,比如土地税等。

三、资本服务的测算方法

(一) 基于使用者成本的测算

SNA 认为,资产的价值由其未来收益的现值决定。对于资产所有者来说,资产在任一时刻的价值,是该资产在预计剩余使用年限内所提供的资本服务的现值总和。例如,一项使用年限为 5 年的资产,每年对生产的贡献值分别为 100、80、60、40 和 20,假定每年的贴现为 5%,那么根据资本服务和资产价值的关系,可以计算出每年的资产价值,分别为 282、191、116、59 和 20,如表 1 所示。更进一步,可以计算出该资产每年的价值衰减率,其衰减的价值为固定资本消耗。反过来,如果确定了每年的资产价值、资产价值衰减率和贴现率,也可以计算出相应的资产贡献值或资本服务。如果资产可以从市场中租赁而来,那么租金就是该资产的贡献值,是资产提供的资本服务,即租金是使用该资产所需要付出的成本。

因此,资本服务可根据资本使用者成本计算,它包括两部分:固定资本消耗和资产回报。固定资本消耗是为了弥补生产中资产价值的衰减,它对应于该资产生产能力的下降。资产回报则是持有该资产而获得的收益,它对应于该资产的机会成本。在通货膨胀情况下,资产回报还要考虑同类新资产价格的变化,这种变化会影响资产的实际回报。此时,资产的使用者成本为固定资本消耗、资产的名义回报和新资产价格变化而带来的持有损益之和。

表1　一个计算资本服务的例子

各年资产的贡献值	第1年	第2年	第3年	第4年	第5年	5年总和
第1年	100					
第2年	76	80				
第3年	54	57	60			
第4年	35	36	38	40		
第5年	16	17	18	19	20	
当年资产价值	282	191	116	59	20	
价值衰减率	0.68	0.61	0.51	0.34	0	
衰减的价值(固定资本消耗)	91	74	57	39	20	282
收入(资本回报)	9	6	3	1	0	18

选择合适的资产回报率,对资本服务测算至关重要。在较好的租赁市场中,资产回报率能够直接观察出来。然而在实际测算中,要获得详细的资产回报率是相当困难的。从各国的实践看,总量层次上的资产回报率可以采用内生和外生两种方法代替。内生的资产回报率根据国民账户中资本存量、总营业盈余、固定资本消耗等信息直接估计,而外生的资产回报率则使用一些外生变量代替,比如银行的存贷款利息率等。两种方法各有利弊,孰优孰劣目前理论界并没有定论。

(二) 基于生产性资本存量的测算

虽然资本服务可以根据使用者成本来测算,但在实际测算中,通常不直接采用这种方法,而是采用基于生产性资本存量的测算方法。因为,资本服务测算的前提是资产的资本存量测量。这里的资产不是某一具体资产,而是指现存的同类型总资产。所以,资本服务通常是基于同类型总资产进行测算,认为资本服务是生产性资本存量占一定比例的部分。

基于生产性资本存量的测算的主要做法是:首先在资产分类的基础上,用永续盘存法构建不同类型的资本存量总额序列,然后通过相对效率函数将其转化为生产性资本存量,接着用资产消耗率和资产回报率估计资产的使用者成本,最后用资产的使用者成本为权数汇总得到全部资产的资本服务。

在资本服务的具体测算中,还会涉及退役模式、年限效率函数和汇总方式选择等假定和测算技术。其中,退役模式描述的是资产平均使用寿命的分布,是资产如何随时间退出使用的问题;年限效率函数将资本的价值与资产的生产效率联系起来,描述了它们如何随时间变化而变化;汇总方式是如何对不同资本加权汇总的问题。

(三) 主要国家的资本服务测算

目前,许多国家都已经开始进行资本服务测算和全要素生产率研究,但由于各国的核算基础不同,特别是资本服务测算依赖于基础数据的完整性和准确性,许多国家并未对外发布资本服务测算结果。普遍认为,美国、澳大利亚、加拿大的资本服务测算相对比较成熟,它们也定期对外发布官方测算数据。

美国劳工统计局从1983年开始公布美国的资本服务及全要素生产率。在具体测算方面,它们采用基于生产性资本存量的测算方法,选择了正态分布的退役模式和双曲线特征的年限效率函数,并采用使用者成本和Tornqvist指数公式进行汇总。美国资本服务数据内容完整,分类详细,它们既可分行业又可分资产类别测算。比如在资产分类方面,机器与设备分为26类,建筑物分为2类,存货和土地分为3类。

澳大利亚统计局的资本服务测算与美国大致相似。首先,它们采用基于正态分布的退役模式和双曲线特征的年限效率函数进行估计。在资产分类方面,对6种机器和设备、建筑物、4种无形资产、存货和土地进行了估计。对各种资产的汇总是基于使用者成本和可变加权的Tornqvist指数来进行的。

加拿大的资本服务测算也比较成熟。不过与美国和澳大利亚不同,加拿大对每类资产均采用几何模式衰减的年限效率模式,并用使用者成本和Fisher指数对不同类型的资产进行汇总。

四、资本服务理论对国民账户的影响

资本服务理论揭示了生产中资产的价值与所创造的总营业盈余之间的联系,解释了资产的价值在一段时间内是如何变化的、总营业盈余是如何产生的等问题。资本服务的引入,一方面能够改进对固定资本消耗和资本存量的估计,满足生产率研究和生产分析的需要,从而更好地完善国民账户中的资本测算;另一方面也对国民账户体系的诸多方面产生了影响,其中包括混合收入和其他生产税的分解问题,非市场生产者所使用资产的测算问题,自然资源的估价问题,自有住房虚拟服务的估计问题,资本服务如何纳入国民账户体系的问题等。

但是,资本服务是首次进入国民账户体系(2008年SNA),它的具体应用还在探索之中,有关它的争论也尚未完全达成共识。所以,资本服务对国民账户的影响只是初步的。目前,资本服务只是以附属表的形式进入国民账户体系,未对国民账户的核心内容产生实质性的影响。

(一) 关于非市场产出的争论

在SNA中,非市场产出按生产成本估计,即假定非市场生产者的净营业盈余为零。此时,对于非市场生产者所使用的资产,总营业盈余只计算了固定资本消耗,而未考虑资产的资本回报。而对于市场生产者所使用的资产,总营业盈余不仅包括固定资本消耗,也包括资产的资本回报。也就是说,同样的资产在市场生产和非市场生产中的贡献不相同,这显然不太合理。因此,有人提出要改进非市场产出的计算,用资本服务的思想来估计非市场生产中的资产回报,即认为其总营业盈余也应加上资产的资本回报。这样,不管是对于市场生产还是非市场生产,同样的资产在生产中的相同作用就能较好地体现出来。然而,SNA认为虽然理论上应该考虑非市场产出中的资产回报,但在实际中由于很难获得非市场生产中资产的价格,且国民核算界对如何选择合适的资产回报率以及所适用的资产范围如何界定等尚未能达成一致的意见,因此2008年SNA继续沿用1993年SNA非市场产出的计算方法。可以肯定的是,如果采用资本服务的思想来估计非市场产出,那么所计算的增加值将比原来要大一些。

(二) 自然资源在生产中的使用问题

资本服务理论对自然资源在生产中的使用产生影响。自然资源和固定资产有许多相似之处,它们都是生产过程中的必要投入;类似于固定资产价值的减少被称为固定资本消耗,生产过程中自然资源存量价值的减少可视为自然资源的消耗。因此,它们在生产中的作用是相同的,都可以用资本服务的思想来估计它们对生产的贡献,即它们对生产的贡献包括了"资产消耗"和"资产回报"。但在1993年SNA中,只有生产资产才在生产账户中被识别为中间消耗或固定资本消耗,而自然资源这类非生产资产没有明确被识别为生产成本。这就意味着要么产出的价格没有反映这部分费用,要么是与其他未分清的项目一起混在营业盈余中,这样又会高估其他资产对生产的贡献。如果资本服务的思想被接受,那么使用自然资源的成本就可以用使用者成本或租金表示,这样就可以在SNA框架中讨论自然资源的估价问题。事实上,这种处理方法已经应用到了SEEA(综合环境和经济核算体系)中。资本服务理论使得SNA和SEEA对自然资源的处理更加协调一致。但是,2008年SNA并未对此进行深入讨论。如果生产中自然资源的作用被视同于固定资产得到确认,那么生产账户的"固定资本消耗"可能需要修正,同样也会涉及资产负债表及资本账户中自然资源的记录问题。

(三) 对自有住房虚拟服务的估计

资本服务理论的另一个直接运用是对自有住房虚拟服务的估计。自有住房虚拟服务,是住房这项固定资产为住户成员提供的资本服务,它包括在生产范围之内,而且是只由资产所贡献的生产。根据资本服务理论,如果能够得到住房的市场租赁信息,那么市场租金就是住房的使用者成本,是住房在一段时期内提供的资本服务。同样,如果知道住房的价值、住房价值的衰减模式和住房的资产回报,也可以计算住房的资本服务或虚拟租金。考虑到房屋销售市场比房屋租赁市场发展得更好,这可以为测算自有住房的虚拟服务提供一个比较有用的方法。然而,使用这种方法时,必须考虑到住房所有者通常预期自己会得到大量持有收益,同时住房租金中可能也包含了地租。

(四)资本服务如何纳入国民账户体系

资本服务隐含的是资产对生产的贡献,它可以更好地解释总营业盈余的来源,更好地充实国民账户的有关内容。但是,1993年SNA中的生产账户是一个纯粹的增加值账户,而并不是一个严格意义上的生产账户,它没有反映出资产对生产的贡献或资产的资本投入。所以,对于资本服务如何纳入国民账户体系,一种观点是重构现有的生产账户和收入形成账户,建立一个更加综合的生产账户。其中,资本服务与雇员报酬在这个账户中并列记录。另一种观点是不改变现有的国民账户,只是在原有账户的基础上以补充表的形式增加资本服务的内容。考虑到资本服务是首次被引入SNA,资本服务测算基础还不够扎实,直接改变现有国民账户体系并重构生产账户也不太现实,因此2008年SNA的做法是在收入形成账户中编制了一张补充表,以显示非金融资产提供的隐性服务,如表2所示。首先,资本服务按价值衰减部分和资产回报部分单独列出。其次,在资产分类方面,分别计算固定资产、自然资源和存货所提供的资本服务,固定资产还可以按机构部门进行二级分类。

通过比较分析补充表的资本服务和营业盈余,可以验证相关数据的可靠性。例如,非金融公司和金融公司的营业盈余可以与这些部门所使用资产的

表 2　国民账户中可能的补充表

国民经济核算数据	合计/总额	固定资本消耗	净额
总增加值			
雇员报酬			
混合收入			
营业盈余			
非金融公司			
金融公司			
一般政府			
NPISHs			
住户			
生产税减生产补贴			
资本服务	资本服务	价值衰减	资产回报
固定资产			
市场生产者(除住户外)			
非金融公司			
金融公司			
非市场生产者			
一般政府			
NPISHs			
住户			
住宅			
其他非法人企业			
自然资源			
存货			

资本服务进行比较,一般政府和 NPISHs 的固定资本消耗核算数据可以与资本服务数据相比较,自有住房的资本服务应该与住户营业盈余相匹配。

参 考 文 献

[1] 联合国等编,国家统计局国民经济核算司译:国民经济核算体系(1993)[M],北京,中国统计出版社,1995。

[2] 联合国等编,国家统计局国民经济核算司、中国人民大学国民经济核算研究所译:国

民账户体系(2008)[M],北京,中国统计出版社,2012。

[3] 经济合作与发展组织:资本测算手册:关于资本存量、固定资本消耗及资本服务测算[M],北京,中国统计出版社,2004。

[4] 经济合作与发展组织:生产率手册:基于总量层次和产业层次生产率增长的测算[M],北京,科学技术文献出版社,2008。

[5] 国家统计局国民经济核算司:中国资产负债表编制方法[M],北京,中国统计出版社,2007。

[6] 陈杰:如何测算非市场生产者在生产中使用的资产[J],统计研究,2008(2)。

[7] 蒋萍:政府部门非市场服务产出核算的有关问题[J],统计研究. 2001(5)。

[8] 叶樊妮:资本测算中的相关概念辨析[J],统计与咨询,2010(2)。

[9] 曹跃群等:中国资本服务估算[J],统计研究,2012(12)。

[10] United Nations, European Commission, International Monetary Fund, Organization for Economic Co-operation and Development, World Bank: System of National Accounts, 2008, New York, 2009.

[11] OECD: Measuring Capital-OECD Manual (second edition) [M], Paris. OECD Publishing, 2009.

[12] Jorgenson, Dale W.: Capital Theory and Investment Behavior[J], The American Economic Review, 1963(53):247—259.

[13] Paul Schreyer, Pierre-Emanuel Bignon and Julien Dupont: OECD Capital Services Estimates: Methodology and a First Set of Results[J], OECD Statistics Working Paper, 2003(6).

[14] Nadim Ahmad: Introducing Capital Services into the Production Account[R], AEG Meeting paper on National Accounts, 2004(12):SNA/M2.04/15.

[15] Paul Schreyer, W. Erwin Diewert and Anne Harrison: Cost of Capital Services and the National Accounts[R], AEG Meeting paper on National Accounts, 2005(7):SNA/M1.05/04.

SNA 关于供给使用核算的修订与中国投入产出核算方法的改革研究

陈 杰

一、SNA 关于供给使用核算的修订

在 1993 年 SNA 中,供给使用表和投入产出表的有关内容都体现在第 15 章,该章提到"本体系包括一套完整的供给表、使用表和对称的投入产出表"[①];同时也阐明"供给和使用表既是用于基本统计的一个框架,同时又是编制投入产出分析表的基础"[②]。2008 年 SNA 对供给使用表和投入产出表的内容进行了划分。第 14 章"供给使用表及货物和服务账户"主要阐述供给使用表的有关内容;而投入产出表的相关内容和社会核算矩阵则作为新的一章(第 28 章)。

2008 年 SNA 对供给使用核算内容进行了较多调整,修订了部分核算概念和方法,但没有原则性的修改。例如,用"产品平衡"和"产品流量法"替代

---

① 1993 年 SNA,第 15 章,第 1 段。
② 1993 年 SNA,第 15 章,第 159 段。

了之前常用的"商品平衡"和"商品流量法";详细地解释了如何在供给表中记录运输费用,以及记录方法会对生产者价格和购买者价格带来何种影响;修改了关于企业进行国外货物加工的核算方法;大幅增加了供给使用表的缩减方法的阐述。在投入产出表的内容方面,与1993年SNA相比,2008年SNA所花的篇幅大为缩减,主要集中于论述如何进行供给使用表向投入产出表的转化。

此外,2008年SNA中的供给使用核算的一个突出的特点,就是强化供给使用表作为国民经济核算框架的作用,而在1993年SNA中,提到框架作用时,用到的词汇是"投入产出框架"。在2008年SNA的供给使用表章节中,明确提到"供给使用表……可用于对比和比较不同来源的数据,从而改进整个经济系统数据的一致性","只有供给使用表才能够提供足够严谨的框架来消除在测算整个经济的货物和服务流量时的差异,以确保不同测算方法下的GDP能得到同样的数据"[①]。

从这些内容调整和2008年SNA的有关表述可以看出:2008年SNA对供给使用表的数据协调功能寄予了相当期望,对投入产出表则更重视其作为经济分析工具的作用。

二、中国投入产出核算的基本情况和存在的问题

从广义上讲,中国的投入产出核算工作包括了投入产出调查工作以及投入产出表和部分供给使用表的编制工作。

(一)中国投入产出核算的基本情况

从1987年起,投入产出调查和投入产出表的编制被纳入中国的国家统

---

① 2008年SNA,第14章,第3、15段。

计制度。迄今为止,国家统计局共进行了六次全国投入产出调查,编制出版了1987年、1992年、1997年、2002年和2007年的全国投入产出表(2012年投入产出表还在编制中),以及1990年、1995年、2000年、2005年和2010年的投入产出延长表。

中国投入产出表的编制工作不仅包括对称型投入产出表,还包括了"产出表"和"使用表"。由于各种原因,中国的产出表和使用表,与SNA的供给表和使用表不完全相同。

在2008年SNA中,供给表和使用表主栏都是按产品(product)分类,宾栏都是按行业(industry)分类,这里的行业是由从事相同或类似生产活动的基层单位[①](establishment)合并得到的。供给表展现了各种产品是由哪些行业生产的以及每个行业都提供了哪些产品,同时还有各种产品进口的情况和进口的价格调整情况。使用表展现了各种产品的使用去向(作为不同行业的中间使用或者是最终使用),同时体现各行业的生产过程中消耗的不同产品以及产生增加值的情况。

而中国的产出表,主栏是按"产品部门"分类,宾栏是按"行业"分类。这里的"产品部门"不是直接由标准的产品分类合并得到的,而是不同单位生产的同类产品的集合;"行业"不是在基层单位的基础上合并得到的,是由主要业务活动(或主要产品)属于相同国民经济行业分类的法人单位汇总得到的。因此,中国的产出表不同于SNA的供给表,体现的信息是主要业务活动(或主要产品)相同或相近的法人单位汇总的"行业"所生产的产品的情况,同时中国的产出表不包括进口产品和进口价格调整的信息。中国的使用表主栏和宾栏的分类上与中国的产出表是一致的,因此所体现的信息是主要业务活

---

① 基层单位即我国的基本单位统计制度中的"产业活动单位"。

动(或主要产品)相同或相近的法人单位汇总的"行业"的生产消耗和产生增加值的情况。

从编制方法上说,中国是先编制对称型投入产出表和产出表,再按一定的假设由这两张表推算出"使用表",这也不同于2008年SNA推荐的先编制供给使用表,再推算投入产出表的方法。另外。从目前中国投入产出核算发挥的功能来说,也和SNA的推荐的目标有一定差距。由于传统的原因,中国更加注重发挥投入产出核算的分析功能,对于发挥其国民经济核算框架的功能,目前还处在探索阶段。

(二)存在的问题

从国际标准角度和中国实际情况分析,中国的投入产出核算还存在以下几方面的困难和问题。

1. 基层单位划分问题

从投入产出分析的目的出发,最理想的情形是每个生产单位只从事一项生产活动,这样,只需合并所有从事该生产活动的单位就能形成一个行业,无须考虑任何次要活动,这样的单位被称为"同质生产单位"。但是,实践中却不大可能直接从企业或基层单位取得关于同质生产单位的财务核算数据,这种数据只能通过对企业数据在多种假设条件下的转化推算得到,这样通过对所收集数据进行统计处理而形成的单位被称为分析单位。根据2008年SNA的描述,如果一个生产单位从事一项主要活动和一项以上的次要活动,它可以被分解成同样个数的同质生产单位。[①]

目前,中国的基层调查单位是法人单位。法人单位生产活动比较庞杂,普遍存在多种生产活动。按照SNA的规定,需要对这样的单位进行分解形成

---

① 参考2008年SNA,第5章,第52、54段。

分析单位,来获取适当的数据。在中国的投入产出调查中,只是对于规模以上工业企业的生产活动,按照其最终产品所属的行业小类进行了类似的分解。其他的调查单位,比如规模以下工业企业、建筑业企业和服务业企业,其实混业经营活动也较为普遍。由于各种原因,上述大部分的法人单位无法进行这种分解,给真实体现规模以下工业、建筑业和服务业部门的产出和消耗结构造成困难。

2. 产品统计问题

SNA建议把供给使用表作为国民经济核算的框架。在供给表和使用表中,是以行业和产品交叉分类的数据体现有关经济情况的。从编制供给使用表的资料需求出发,除了同样面临基层单位划分的问题,还有产品统计的数据不能满足编制要求的问题。

从目前的统计数据来看,按国民经济行业分类的数据虽有瑕疵,但相对丰富和完善。而涉及按产品分类的统计数据,由于以往重视不够(《统计用产品分类目录》2010年才公布实施),数据方面存在一定缺失,如以价值量表示的产品生产总量数据。另外,产品统计统一实施的力度还不够,这就使得居民消费支出调查、政府消费支出调查和固定资本形成调查方面用到的产品分类没有形成良好的衔接,给供给使用表的编制造成新的困难。

3. 编制方法问题

中国的投入产出核算,顺延历史的习惯,是通过调查资料先编制投入产出表和"产出表"(供给表),然后再推算使用表。SNA推荐的编表方法,是先编制供给使用表,再通过一定的假设,推算出投入产出表。中国最初开展投入产出核算的目的,是要发挥投入产出表的分析作用,因此在投入产出表的数据收集和编制方法研究上下了更多的功夫。在国际上,偏重于分析研究功能的国家都是从调查数据,经过转换分解编制投入产出表(比如日本);其他的国家,都是先编制供给使用表。

如果将来中国更加侧重于发挥核算框架的功能,就需要在供给使用表的基础数据收集和编制方法方面加强研究。在数据基础条件许可的前提下,先编制供给使用表,再通过假设推算投入产出表。在推算得到投入产出表后,可以再对推算出的投入产出表数据进行判断和调整,这其实也相当于是对原推算假定的一些适当修正。

4. 其他方面问题

投入产出核算的质量,取决于它的基础数据和编制方法。投入产出核算需要非常丰富和详细的统计数据,一方面通过投入产出调查来获取,另一方面还需要常规的统计制度作保障,比如服务业的调查统计、资本品和存货的调查等。在那些以供给使用表为核算框架的发达国家,比如加拿大,调查统计体系都是围绕着满足国民经济核算的需要而设计的,因此为供给使用核算提供丰富的信息需要来展开,而我国目前显然还做不到这一点。另外,国际上从贸易研究的需要出发,希望各国能够提供非竞争型投入产出表,而我国还从未发布过官方的非竞争型投入产出表,这也和发达国家存在一定差距。

三、中国投入产出核算的改革研究

中国投入产出核算改革,大致可以从明确自身定位、发挥框架作用,借鉴国际经验、改进相关工作和拓展应用范围三个方面来进行。

(一)明确投入产出核算的定位和功能

在中国投入产出表编制初期,编表的主要目的在于经济分析、经济政策和经济发展规划的制定。

随着社会主义市场经济的发展,中国国民经济核算体系从 MPS 体系转换到了 SNA 体系。在 GDP 核算中,由于各种原因,存在着 GDP 生产核算数据和GDP使用核算数据不平衡的矛盾。同时,在季度GDP核算中,存在基础数据不完善的问题。国民经济核算国际标准和部分发达国家的核算实践,都建议在供给使用核算的框架下对生产法GDP与支出法GDP进行协调,缩小或消除数据之间的差距;在季度GDP核算中,可以借鉴或利用供给使用表的有关信息,得到比较可靠的分季度GDP数据。

因此,对中国投入产出核算的功能定位,应该是国民经济核算框架功能和分析研究功能并重。首先,要以国际通行做法为目标,通过改进基础数据收集,完善编制方法,加强供给使用核算,发挥其作为中国国民经济核算框架的功能。同时,投入产出核算具备的经济分析功能也不可偏废,毕竟投入产出表还是有着其他经济数据难以替代的独特性质。

(二) 借鉴国际先进经验,改进中国投入产出核算工作

与先进国家水平比较,中国投入产出核算工作还有较大差距。可以考虑从以下几个方面借鉴发达国家经验,完善中国投入产出核算。

1. 研究发挥供给使用核算框架功能的步骤和方法

发挥供给使用核算作为国民经济核算框架功能,这在国际上已有不少先例,包括美国、加拿大都有相对成熟的做法。中国完全可以参考它们的做法来逐步实现这一目标。但是前提是中国统计数据的收集方式和国民经济核算的规范都需要进行一定程度的变革。例如,在数据收集方面,需要加强各类产品(特别是服务产品)的价值总量信息的收集。在国民经济核算方面,编制供给使用表时,不是直接利用已核算的增加值和总产出数据作为控制数,而要以当期所拥有的最详细信息,重新计算编表年份的增加值和总产出数据,并在编表过程中不断调整。另外,由于国民经济核算框架的建立和发挥作用,GDP数据修订会更加频繁。

2. 编制非竞争型投入产出表

考虑到实际应用的需要，以及对外贸易在中国经济发展中的重要作用，中国投入产出表必须向非竞争型投入产出表发展。国际上，日本、美国等都有一套编制非竞争型表的成熟方法可供借鉴。在非竞争型投入产出表编制工作中，主要的困难涉及进口数据的判断和区分。在货物进口方面，中国货物进口的形式多样，存在大量的加工贸易和保税物流（保税区和保税仓库等），对这些货物去向的准确把握存在困难。另一方面，中国的服务贸易统计还相对薄弱，这对于编制准确的进口服务矩阵是一个严峻挑战。

3. 细化中国投入产出核算的部门分类

目前，中国的投入产出表从部门分类上来说，对国民经济最细的划分基本上是在130多个部门。由于中国的经济规模愈来愈大，在这种分类下，某些部门的产出和增加值达到非常大的规模，不利于细致地研究产业结构状况。而发达国家编制并发布的投入产出表，部门分类规模都在400到500个左右。因此，在各种资料，特别是服务业的详细资料可得的前提下，中国投入产出表部门分类的详细程度还有很大的提升空间。

4. 编制年度简表

投入产出表编制过程中需要大量的信息收集和数据协调工作，这使得投入产出表的及时性受到很大的影响。目前，中国通过投入产出调查编制的基准表，一般是在参考年后的21—24个月发布[①]，在投入产出调查的中间年份编制的投入产出延长表，基本上在参考年后的18个月发布，这难以满足一些时效性要求较高的分析需求。

国际上部分发达国家为了解决这一时滞问题，在编制基准表的同时，也

---

① 中国的编表速度在国际上算是很快的，美国的基准表是在参考年后48—60个月发布，加拿大是在30—36个月发布。

按年度编制年度简表。美国从1998年开始编制年度供给使用表,虽然分类不如基准表详细,但是大大地提升了编表的速度(基本在参考年后的12个月发布),同时连续的年度表形成时间序列,也方便了对这些表的应用。加拿大是以投入产出表(含供给使用表)作为整个核算体系的基准,每个年份都编制分类详细的投入产出表,虽然不解决时滞问题,但每年都有最新编制完成的投入产出表公布,也形成了序列并方便了应用。在人员和资金有保障的情况下,中国也应该向编制年度简表的方向去努力,既加快投入产出表的发布频率,又可形成投入产出表的完整序列。

(三)拓展投入产出表的分析应用

投入产出核算的结果本身就蕴含着丰富的经济信息,同时,它还可以为其他经济模型提供基础数据。拓展投入产出分析作用可以从两个方面来考虑。

1. 扩展投入产出表的形式和内容,多方面发挥投入产出表的应用

投入产出表的形式和内容越丰富,它能应用的范围就越广泛。在条件允许的情况下,更多地公布有关数据,可以促进投入产出表的应用。例如,有的研究机构在公布的中国地区投入产出表的基础上,扩展编制了中国国内区域间的投入产出表,对于研究国内区域经济联系、区域均衡发展、劳动力迁移,以及区域经济合作等都能发挥独特的作用。

鉴于中国国际贸易的快速发展,以及国际上对于"国际贸易增加值"(trade in value added)研究的关注,中国将来打算编制出版2012年非竞争型投入产出表。国际投入产出表或者世界投入产出表是研究"国际贸易增加值"的数据基础,而各国的非竞争型投入产出表是这些数据基础的基本模块。目前,经济合作与发展组织、欧盟统计局等分别拥有了各自的世界投入产出数据库,而且还将继续更新有关数据。中国编制出版非竞争型投入产出表,

也相当于间接参与到世界投入产出数据库的完善工作中,使得世界投入产出表的数据更好地反映中国的实际情况,也发挥中国非竞争型投入产出表在研究"国际贸易增加值"中的作用。

2. 投入产出核算的成果与其他数据和模型的结合

投入产出核算的成果与劳动力数据、污染物排放数据、能源及水的消耗数据可以进行很好的结合。这种结合在生产率研究、税收(或者价格)调整的影响、碳排放影响等方面都有成功应用的例子,并取得了许多优秀成果。投入产出模型作为一个经典模型,必须注重与新的数据和方法相结合,对经济社会热点问题进行研究,才会有广阔的应用前景。

参 考 文 献

[1] 国家统计局:中国国民经济核算体系(2002)[M],北京,中国统计出版社,2003。

[2] 陈锡康,杨翠红等:投入产出技术[M],北京,科学文献出版社,2011。

[3] 许宪春:中国国民经济核算的新发展和SNA修订的挑战[J],统计与信息论坛,2007。

[4] 联合国等编,国家统计局国民经济核算司译:国民经济核算体系(1993)[M],北京,中国统计出版社,1995。

[5] 蒋萍:核算制度缺陷、统计方法偏颇与经济总量失实[M],北京,中国统计出版社,2011.12。

[6] 联合国等编,国家统计局国民经济核算司、中国人民大学国民经济核算研究所译:国民账户体系(2008)[M],北京,中国统计出版社,2012。

[7] 蒋萍:未观测经济,概念框架与测算思路[J],统计研究,2009(3)。

[8] 蒋萍,金剑:统计研究的国际动态与最新进展[J],统计研究,2007(12)。

[9] 刘卫东等:中国2007年30省区市区域间投入产出表编制理论与实践[M],北京,中

国统计出版社,2012。

[10] United Nations, European Commission, International Monetary Fund, Organization for Economic Co-operation and Development, World Bank: System of National Accounts, 2008, New York, 2009.

SNA 的修订与中国国民经济核算体系改革研究

许宪春　吕　峰　魏媛媛

一、引言

"SNA 的修订与中国国民经济核算体系改革"系列研究已经发表了 12 篇论文。在已经发表的这些论文中,除第一篇概括性地总结了 2008 年 SNA 的重点修订内容外,其他各篇都从某个特定角度入手,具体分析了 2008 年 SNA 在相关领域的修订内容,并对中国国民经济核算体系相关内容的改革提出了意见和建议。

本文是"SNA 的修订与中国国民经济核算体系改革"系列研究的收篇之作。在吸收已有研究成果的基础上,本文试图从基本概念、基本分类、基本计算方法、基本统计指标等角度系统地总结 2008 年 SNA 的修订内容,包括非核心账户的主要修订内容。

作为我国国民经济核算的规范性文本,《中国国民经济核算体系(2002)》已经颁布了十一年。十多年以来,国民经济核算国际标准已经进行了修订。

为了更好地反映我国社会主义市场经济发展出现的新情况,结合统计制度方法改革,我国国民经济核算制度方法进行了持续改革和发展。现在到了对《中国国民经济核算体系(2002)》进行系统的修订,形成新的规范性文本的时候了。在系统总结 2008 年 SNA 的修订内容的基础上,本文从基本概念、基本分类、基本计算方法和基本统计指标等四个方面对中国国民经济核算体系的修订提出有针对性的建议。

二、2008 年 SNA 的主要修订内容

(一) 基本概念的修订

2008 年 SNA 引入了一系列新的基本概念,同时,对原有的一些基本概念进行了调整,下面对其中一些比较重要的新概念和原有概念的调整进行阐述。

1. 引入了"法定所有权"和"经济所有权"概念

2008 年 SNA 将所有权区分为两类:法定所有者的法定所有权和经济所有者的经济所有权。其中,法定所有者是指在法律上有权持续获得相关实体(包括货物和服务、自然资源、金融资产和负债等)经济利益的机构单位,经济所有者是指由于承担了有关风险而有权享有相关实体在经济活动期间内运作带来的经济利益的机构单位。每个实体都具有法定所有者和经济所有者,虽然在很多情形下实体的法定所有者和经济所有者是相同的。同时,当实体的法定所有者与经济所有者不同时,2008 年 SNA 建议将资产记录在经济所有者而非法定所有者的资产负债表上,交易记录的时点取决于经济所有权变更的时点。1993 年 SNA 没有明确定义所有权。

2. 引入了"定额缴款养老金计划"和"定额福利养老金计划"概念

近些年来,在养老金市场上出现了两种主要的养老金计划类型,分别称

为定额缴款养老金计划和定额福利养老金计划。2008年SNA引入了这两个概念,以反映近年来养老金制度的实际发展情况。定额缴款养老金计划是指雇员退休时得到的养老金福利,只取决于工作期间的缴款和缴款带来的投资收入。定额福利养老金计划是指雇员退休时得到的养老金福利,是通过一个公式确定的,或以公式确定额为最小值。通俗地说,定额缴款计划下,缴款的额度是确定的,福利的额度基本上由缴款额度来决定(再加上投资收入);在定额福利计划下,福利的额度是确定的,一般来说与缴款额度的直接关联度不高。相对来说,定额福利养老金计划的核算要复杂一些,因为在计算与其相关的雇主社会缴款时,不但要计算实际社会缴款,还要计算虚拟社会缴款。1993年SNA没有给出定额缴款养老金计划和定额福利养老金计划的概念。

3. 引入了"知识产权产品"概念

随着经济、科技和文化的发展,科研成果、计算机软件、数据库、文艺作品等产品越来越多地具有资产的性质,因此2008年SNA引入了知识产权产品的概念。所谓知识产权产品是指研究、开发、调查或者创新的成果,这些行为会产生知识,开发者能够通过销售这些知识,或者在生产中使用这些知识而获利,因为通过法律或其他保护手段,这些知识的使用是受到限制的。知识产权产品在2008年SNA中被确认为是一类重要的生产资产,并进一步被细分为五个子类,分别是:研究与开发;矿藏勘探与评估;计算机软件与数据库;娱乐、文学和艺术品原件;其他知识产权产品。1993年SNA没有给出知识产权产品的概念。

4. 引入了"资源租赁"概念

2008年SNA引入了资源租赁概念。所谓资源租赁是指:自然资源仍然出现在其法定所有者的资产负债表中,但是承租人是在生产中使用该资产的单位,因此是实质上的经济所有者。作为回报,承租人需要对资产所有者进行定期支付,该支付被记录为法定所有者的财产收入,称为地租。1993年SNA没有针对自然资源给出资源租赁的概念。

5. 引入了"雇员股票期权"概念

雇员股票期权是公司用来激励其雇员的一种常用手段。雇员股票期权是在某一个特定日期(授权日)订立的一个协议,按照该协议,雇员可以在一个规定的日期(含权日)或者在紧随含权日的一段时间内(行权期)按照约定价格(执行价)购买特定份额的雇主股票。2008年SNA建议在金融账户中记录雇员股票期权的交易,并且在收入形成账户中记录雇员股票期权对应的雇员报酬。1993年SNA中没有给出雇员股票期权的概念。

6. 对"货币黄金"的定义进行了修改

为了与《国际收支手册(第六版)》(BPM 6)保持一致,2008年SNA对货币黄金的定义进行了修改,货币黄金被定义为货币当局所拥有的并作为储备资产持有的金块和未分配黄金账户。其中,金块是指实体黄金,而未分配黄金账户是指非常住单位授予的黄金交割要求权,相当于一种按黄金计价的存款。1993年SNA的货币黄金定义中没有涉及未分配黄金账户。

7. 取消了"附属公司"的称谓,对"辅助活动"做了新的讨论

在1993年SNA中,附属公司被定义为完全归一家母公司或公司集团所拥有,其生产活动严格限定于为母公司或公司集团提供服务的子公司。附属公司从事的都是辅助活动。按照1993年SNA的规定,辅助活动不单独记录产出,附属公司也不被认为是独立的机构单位。在现代经济社会中,行业分工日益细化,单独为一家企业提供辅助活动的附属企业日益减少。同时,为制造业企业从事服务类辅助活动的辅助单位越来越多。如果不计算这些辅助活动的产出,则难以客观地反映产业的发展状况和产业结

构。2008年SNA对辅助活动做了新的处理,规定如果一个辅助单位的活动是统计可观测的,或其所处地点独立于主要单位,则应被视为一个独立的机构单位,并按成本计算其总产出。相应地,2008年SNA取消了"附属公司"这一称谓,以免造成混淆。

（二）基本分类的修订

2008年SNA对机构部门分类、交易分类和资产分类等基本分类进行了修订,下面对其中一些比较重要的基本分类的修订进行阐述。

1. 机构部门分类的修订

（1）金融公司部门的子部门分类的修订。在1993年SNA中,金融公司部门被划分为五个子部门,包括:中央银行、其他存款公司、保险公司和养老基金以外的其他金融中介机构、金融附属机构、保险公司和养老基金。2008年SNA对金融公司部门的子部门分类进行了修订,将其细化为九个子部门,分别是:中央银行、中央银行以外的存款性公司、货币市场基金、非货币市场投资基金、保险公司和养老基金以外的其他金融中介机构、金融辅助机构、专属金融机构和贷款人、保险公司、养老基金。可以看出,2008年SNA对货币市场基金、非货币市场投资基金、专属金融机构和贷款人给予了更多关注,并且将保险公司和养老基金分列开来进行处理。这种修订反映了近年来金融服务、金融市场和金融工具的新发展,同时,新的分类也能更好地适应国际货币基金组织、欧洲中央银行等机构制定的货币和金融统计体系。表1为2008年SNA与1993年SNA关于金融公司部门(S12)的子部门的分类对比。

表1 金融公司部门(S12)的子部门分类对比

2008年SNA	1993年SNA
中央银行(S121)	中央银行(S.121)
中央银行以外的存款性公司(S122)	其他存款公司(S.122)
货币市场基金(S123)	
非货币市场投资基金(S124)	
保险公司和养老基金以外的其他金融中介机构(S125)	保险公司和养老基金以外的其他金融中介机构(S.123)
金融辅助机构(S126)	金融辅助机构(S.124)
专属金融机构和贷款人(S127)	
保险公司(S128)	保险公司和养老基金(S.125)
养老基金(S129)	

(2) 引入了非营利机构部门的子部门。在非营利机构部门的整体处理上,2008年SNA同1993年SNA一样,仍旧只是将为住户服务的非营利机构单列,而将其他的非营利机构归于不同的机构部门。但现在越来越多的人倾向于把所有的非营利机构作为"公民社会"的标志。为呼应这样的需求,2008年SNA建议把公司和政府中的非营利机构划分出来,作为相应机构部门中一个独立的子部门。这样就可以在需要时,直接推导出一个可以描述非营利机构部门总体情况的补充表。

(3) 公司总部和控股公司所属机构部门的修订。公司总部的活动包括对企业其他单位进行指导和管理,对企业战略发展进行计划和决策,对其他有关单位的日常运营进行管理和控制。2008年SNA规定按照子公司的生产性质对公司总部划分机构部门。1993年SNA对此则没有明确指导。对于只持有子公司资产而不提供任何服务的控股公司,由于其只生产金融服务,2008年SNA规定将其划分为金融公司部门,1993年SNA则建议按其所持有的子公司的主要活动划分控股公司的行业和机构部门。

2. 交易分类的修订

(1) 固定资本形成总额分类的修订。2008年SNA扩展了资产范围,修订了资产分类,相应的也修订了固定资本形成总额的分类。2008年SNA不再按照"有形"和"无形"对资产进行分类,因此1993年SNA中的"有形固定资产的获得减处置"和"无形固定资产的获得减处置"被合并为"固定资产的获得减处置"。2008年SNA不再像1993年SNA那样将"非生产非金融资产的重大改善"作为一个单独的类别,列示在"非生产非金融资产价值的增加"项目下。因为2008年SNA已经将非生产非金融资产的重大改善中的主要内容——土地改良视为一类单独的固定资产,并把相应内容包括在了上述的"固定资产的获得减处置"项目内。表2为2008年SNA与1993年SNA关于固定资本形成总额(P51)的分类对比。

表2 固定资本形成总额(P51)的分类对比

2008年SNA	1993年SNA
固定资产的获得减处置(P511)	有形固定资产的获得减处置(P.511)
	无形固定资产的获得减处置(P.512)
	非生产非金融资产价值的增加(P.513)
	非生产非金融资产的重大改善(P.5131)
非生产资产所有权转移费用(P512)	非生产非金融资产所有权转移费用(P.5132)

(2) 财产收入分类的修订。为了与BPM 6的分类保持一致,2008年SNA的财产收入增加了一个新的子类——其他投资收入。该子类包括的是除利息、公司已分配收入和外国直接投资的再投资收益等投资收入以外的投资收入。其他投资收入又进一步划分为属于投保人的投资收入、养老金权益的应付投资收入和属于投资基金股东集体的投资收入三个类别。其中,属于投保人的投资收入和养老金权益的应付投资收入对应于1993年SNA中的属于投保人的财产收入,属于投资基金股东集体的投资收入在1993年SNA中没有明确定义。表3为2008年SNA与1993年SNA关于财产收入(D4)的分类

对比。

表 3　财产收入（D4）的分类对比

2008 年 SNA	1993 年 SNA
利息（D41）	利息（D.41）
公司已分配收入（D42）	公司已分配收入（D.42）
红利（D421）	红利（D.421）
准公司收入提取（D422）	准公司收入提取（D.422）
外国直接投资的再投资收益（D43）	外国直接投资的再投资收益（D.43）
其他投资收入（D44）	
属于投保人的投资收入（D441）	属于投保人的财产收入（D.44）
养老金权益的应付投资收入（D442）	
属于投资基金股东集体的投资收入（D443）	
地租（D45）	地租（D.45）

（3）社会缴款和社会福利分类的修订。2008 年 SNA 按养老金和非养老金对社会缴款和社会福利进行分类,不再按强制缴款和自愿缴款对社会缴款进行分类,也不再按是否备有基金对社会福利进行分类。表 4 和表 5 分别为 2008 年 SNA 与 1993 年 SNA 关于社会缴款（D61）的分类对比,及实物社会转移以外的社会福利（D62）的分类对比。

表 4　社会缴款（D61）的分类对比

2008 年 SNA	1993 年 SNA
雇主实际社会缴款（D611）	实际社会缴款（D.611）
雇主实际养老金缴款（D6111）	雇主实际社会缴款（D.6111）
雇主实际非养老金缴款（D6112）	雇主强制实际社会缴款（D.61111）
雇主虚拟社会缴款（D612）	雇主自愿实际社会缴款（D.61112）
雇主虚拟养老金缴款（D6121）	雇员实际社会缴款（D.6112）
雇主虚拟非养老金缴款（D6122）	雇员强制实际社会缴款（D.61121）
住户实际社会缴款（D613）	雇员自愿实际社会缴款（D.61122）
住户实际养老金缴款（D6131）	自雇及非受雇者社会缴款（D.6113）
住户实际非养老金缴款（D6132）	自雇及非受雇者强制社会缴款（D.61131）
住户追加社会缴款（D614）	自雇及非受雇者自愿社会缴款（D.61132）
住户追加养老金缴款（D6141）	虚拟社会缴款（D.612）
住户追加非养老金缴款（D6142）	

表5　实物社会转移以外的社会福利(D62)的分类对比

2008年SNA	1993年SNA
现金形式的社会保障福利(D621) 　社会保障养老金福利(D6211) 　社会保障非养老金现金福利(D6212) 其他社会保险福利(D622) 　其他社会保险养老金福利(D6221) 　其他社会保险非养老金福利(D6222) 现金形式的社会救济福利(D623)	现金形式的社会保障福利(D.621) 私营基金的社会福利(D.622) 未备基金的雇员社会福利(D.623) 现金社会援助福利(D.624)

3. 资产分类的修订

(1) 非金融资产分类的修订。2008年SNA仍将非金融资产分为生产非金融资产和非生产非金融资产两个大类,生产非金融资产仍旧分为固定资产、存货和贵重物品三个类别,但对固定资产和非生产非金融资产的细分类进行了较大幅度的修订。表6和表7分别为2008年SNA和1993年SNA关于生产非金融资产(AN1)的分类对比,及非生产非金融资产(AN2)的分类对比。

表6　生产非金融资产(AN1)的分类对比

2008年SNA	1993年SNA
固定资产(AN11)	固定资产(AN.11) 　有形固定资产(AN.111)
住宅(AN111)	住宅(AN.1111)
其他建筑和构筑物(AN112)	其他建筑和构筑物(AN.1112)
非住宅建筑(AN1121)	非住宅建筑(AN.11121)
其他构筑物(AN1122)	其他构筑物(AN.11122)
土地改良(AN1123)	
机器和设备(AN113)	机器和设备(AN.1113)
运输设备(AN1131)	运输设备(AN.11131)
信息与通信设备(AN1132)	
其他机器设备(AN1133)	其他机器设备(AN.11132)
武器系统(AN114)	
培育性生物资源(AN115)	培育资产(AN.1114)
重复提供产品的动物资源(AN1151)	种畜、奶畜和役畜等(AN.11141)
重复提供产品的林木、庄稼和植物资源(AN1152)	葡萄园、果园和其他重复产果的林(AN.11142)

（续表）

2008年SNA	1993年SNA
非生产资产所有权转移费用(AN116)	非生产资产所有权转移费用
知识产权产品(AN117)	无形固定资产(AN.112)
研究与开发(AN1171)	
矿藏勘探与评估(AN1172)	矿藏勘探(AN.1121)
计算机软件与数据库(AN1173)	计算机软件(AN.1122)
计算机软件(AN11731)	
数据库(AN11732)	
娱乐、文学和艺术品原件(AN1174)	娱乐、文学和艺术品原件(AN.1123)
其他知识产权产品(AN1179)	其他无形固定资产(AN.1129)
存货(AN12)	存货(AN.12)
材料和用品(AN121)	材料和用品(AN.121)
在制品(AN122)	在制品(AN.122)
培育性生物资源在制品(AN1221)	培育资产在制品(AN.1221)
其他在制品(AN1222)	其他在制品(AN.1222)
制成品(AN123)	制成品(AN.123)
军事存货(AN124)	
供转售的货物(AN125)	供转售的货物(AN.124)
贵重物品(AN13)	贵重物品(AN.13)
贵金属和宝石(AN131)	贵金属和宝石(AN.131)
古董和其他艺术品(AN132)	古董和其他艺术品(AN.132)
其他贵重物品(AN133)	其他贵重物品(AN.139)

注：非生产资产所有权转移费用是个例外。该流量是存在的，并且被作为固定资本形成总额的一部分，即固定资产的获得。但当单独记录资产的存量时，所有权转移费用包括在相应的非生产资产中，并不单独表现为固定资产的一部分，在非金融资产分类中出现，只是出于说明的需要。

表7 非生产非金融资产(AN2)的分类对比

2008年SNA	1993年SNA
自然资源(AN21)	有形非生产资产(AN.21)
土地(AN211)	土地(AN.211)
矿物与能源储备(AN212)	地下资产(AN.212)
非培育性生物资源(AN213)	非培育性生物资源(AN.213)
水资源(AN214)	水资源(AN.214)
其他自然资源(AN215)	
无线电频谱(AN2151)	
其他(AN2159)	
合约、租约和许可(AN22)	无形非生产资产(AN.22)
可交易的经营租赁(AN221)	专利性实体(AN.221)
自然资源使用许可(AN222)	租约和其他可转让合同(AN.222)
从事特定活动的许可(AN223)	购买的商誉(AN.223)
货物与服务的未来排他性权利(AN224)	其他无形非生产资产(AN.229)
商誉与营销资产(AN23)	

上述修订主要源于三个方面：一是对资产范围的扩展；二是对原有资产分类的调整；三是对原有资产的更名。

首先，2008年SNA对资产范围进行了扩展，将1993年SNA未作为资产处理的一些内容纳入了资产范围，主要包括研究与开发、武器系统、无线电频谱等，这些新增设的资产都在一定层次上进行了单列。

其次，2008年SNA对原有的一些资产分类进行了调整。比如，在固定资产方面，2008年SNA不再区分有形固定资产和无形固定资产，而是将其分为住宅、其他建筑和构筑物、机器和设备、武器系统、培育性生物资源、非生产资产所有权转移费用、知识产权产品七个类别。其中，住宅、其他建筑和构筑物、机器和设备、武器系统、培育性生物资源等类别可以认为相当于1993年SNA中的有形固定资产，知识产权产品可以认为相当于1993年SNA中的无形固定资产。在非生产非金融资产方面，2008年SNA也不再区分有形非生产资产和无形非生产资产，而是将其分为自然资源，合约、租约和许可，商誉与营销资产三个类别。其中，自然资源可以认为相当于1993年SNA中的有形非生产资产，合约、租约和许可，以及商誉与营销资产可以认为相当于1993年SNA中的无形非生产资产。

最后，2008年SNA将原有的一些资产进行了更名。比如，将1993年SNA中固定资产下的"培育资产"更名为"培育性生物资源"。又如，将1993年SNA中非生产资产下的"地下资产"更名为"矿物与能源储备"。

（2）金融资产分类的修订。2008年SNA对金融资产的分类也进行了一定幅度的修订。一是扩展了金融资产范围，将金融衍生工具和雇员股票期权包括在金融资产范围内，并设立了一个新的类别"金融衍生工具和雇员股票期权"。二是对原有的一些金融资产进行了更名，主要包括：将原"股票以外证券"更名为"债务性证券"；将原"股票和其他股权"更名为"股权和投资基金份额";将原"保险专门准备金"更名为"保险、养老金和标准化担保计划"。表8为2008年SNA和1993年SNA关于金融资产(AF)的分类对比。

表8 金融资产(AF)的分类对比

2008年SNA	1993年SNA
货币黄金与特别提款权(AF1)	货币黄金与特别提款权(AF.1)
通货与存款(AF2)	通货与存款(AF.2)
债务性证券(AF3)	股票以外证券(AF.3)
贷款(AF4)	贷款(AF.4)
股权和投资基金份额/单位(AF5)	股票和其他股权(AF.5)
保险、养老金和标准化担保计划(AF6)	保险专门准备金(AF.6)
金融衍生工具和雇员股票期权(AF7)	
其他应收/应付款(AF8)	其他应收/应付款(AF.7)

(三)基本计算方法的修订

2008年SNA对一系列基本计算方法进行了修订,下面对其中一些比较重要的修订进行阐述。

1. 市场生产者自给性产出计算方法的变化

对于市场生产者的自给性产出,如果能在市场上找到同类货物或服务的价格,则应按相应的市场价格计算产出。如果无法获得可靠的市场价格,2008年SNA建议用成本法来计算自给性产出。在使用成本法时,总产出等于中间消耗、雇员报酬、固定资本消耗、其他生产税净额和固定资本净收益之和,即应该将资本回报也作为总成本的一部分。在1993年SNA中,在按照成本法计算市场生产者的自给性产出时,不包括资本回报在内。

2. 间接计算的金融中介服务产出计算方法的变化

金融中介机构(主要是各类商业银行)提供的金融中介活动(主要是存款和贷款活动),为存款人和贷款人提供了便利,但这种服务活动的产出很难直接观测到,因为银行采用了隐含的收费方式。以存款活动为例,从表面看,存款人不但不用支付服务费,反而还能按照存款利率从银行收取利息。而实际上,如果不存在银行这类金融中介机构,存款人直接把钱借给贷款人,会比从银行得到更高的利息收入,这种利息收入对应的是一个理论上的利率,SNA称为"参考利率",高于实际的存款利率。从这个意义上讲,银行不是没有收取服务费,而是自己把服务费先扣掉了,其数值等于存款额乘以参考利率与存款利率的差值。贷款活动的情况类似。银行在存贷款活动中提供的这种服务称为"间接计算的金融中介服务"。

在1993年SNA中,FISIM的计算方法为:

FISIM = 应收利息收入 – 应付利息支出 + 红利等其他财产收入

在2008年SNA中,FISIM改为用更贴近其定义的参考利率法计算,公式为:

FISIM = 存款额 × (参考利率 – 存款利率) + 贷款额 × (贷款利率 – 参考利率)
     = 应收利息收入 – 应付利息支出 + (存款额 – 贷款额) × 参考利率

3. 中央银行产出计算方法的变化

在2008年SNA中,中央银行产出被分为三类,即货币政策服务、金融中介服务和一些临界情形,如金融监管服务等。货币政策服务代表非市场服务,按成本法计算产出;金融中介服务代表市场服务,其产出分为直接收费的金融中介服务产出和间接计算的金融中介服务产出(FISIM)两部分,其中间接计算的金融中介服务产出按参考利率法计算;对于金融监管服务等临界情形,应根据收费是否可充分弥补成本来决定是按市场产出计算还是按非市场产出计算。2008年SNA建议,在可能的情形下,应该分别为三种不同类型的活动确认独立的产业活动单位,并分别计算产出。在1993年SNA中,中央银行产出主要考虑的是金融中介服务产出,按照收费、佣金和间接计算的金融中介服务之和计算,并未过多考虑货币政策服务和金融监管服等。但由于中央银行的利率有时会根据政策需要远高于或远低于市场利率,因此用这种方法计算的产出有时会异常得大或异常得小,甚至会出现负数。

4. 非寿险服务产出计算方法的变化

在1993年SNA中,非寿险服务总产出等于实收保费加上追加保费再减去实际赔付。对于大多数年度而言,用这种方法计算的非寿险服务总产出没有问题。但是在发生巨大灾难,产生巨额保险赔付的年度,非寿险服务总产出会出现剧烈下降,甚至出现负值。因此,2008年SNA对非寿险服务总产出的计算方法做出了改进,用调整后已生索赔代替实际赔付,其中调整后已生索赔可以利用统计技术对历史数据进行平滑后得到。2008年SNA还提出,从概念上来讲也应该对追加保费做类似调整,但由于追加保费的波动要小于赔付,实践中这样的调整可能并不需要。但是从实际情况来看,追加保费来自保险公司的投资收入,在资本市场激烈动荡的年度,投资收入的波动性会很大,也有进行调整的必要。很多国民经济核算专家已经认识到这一点,联合国和欧洲中央银行2014年共同出版的《SNA中的金融生产、流量与存量手册》中,对此做出了明确规定:在非寿险服务产出计算中,追加保费也应像赔付那样根据历史数据做平滑调整。

5. 加工贸易和转口贸易计算方法的变化

对于运送到海外进行加工的货物的处理,2008年SNA建议应严格按照所有权的变更原则来记录进口和出口,对于所有权没有发生变更的来料加工的加工贸易,不按货物的总额记录为货物的进口和出口,而只记录加工费,作为服务的进口和出口处理。对于上述情形,1993年SNA是采用总额记录的原则,将其作为货物的进口和出口处理。2008年SNA严格按所有权变更原则来记录进出口,使得SNA在处理对外贸易和国内贸易时遵循的原则更加一致。同时,新的处理方法与 BPM 6 保持了一致,有利于更客观地反映各国对外贸易的实际状况。

转口贸易,也称三角贸易,是近些年来发展较快的一种贸易形势。它是指 X 经济体的常住单位从 Y 经济体购买货物然后向 Z 经济体出售的过程。在此过程中,虽然货物从法律上来说改变了所有权,但却没有实际进入 X 经济体内。2008 年 SNA 建议,当货物在 Y 经济体被购买时,记录为 X 经济体的负出口,当货物向 Z 经济体出售时,记录为 X 经济体的正出口。货物的差价最终被记录为 X 经济体的出口,记录在货物项下。1993 年 SNA 没有给出转口贸易的概念,但是在有关章节中提到了相似的经济活动[①],同时建议把收入和销售的差额视为贸易商所提供的服务的价值,并记录在相应经济体的服务出口和进口项下。

(四)基本统计指标的修订

2008 年 SNA 对一系列基本统计指标的口径和范围进行了修订,下面对其中比较重要的修订进行阐述。

1. 总产出

如上所述,市场生产者自给性产出计算方法的变化、FISIM 计算方法的变化、中央银行产出计算方法的变化、非寿险服务产出计算方法的变化,都会使总产出发生变化。其中市场生产者自给性产出计算方法的变化,会使总产出增大。其他几个方面的变化对总产出的影响同具体数据有关。

2. 国内生产总值(GDP)

上述影响总产出的变化,也相应会影响到 GDP。除此之外,还有三个方面的变化会影响 GDP。

---

① 1993 年 SNA,第 14 章,第 60 段。

第一,研究与开发支出的资本化。1993年SNA虽然承认研究与开发活动可以为未来带来收益,不是一种仅用于当期生产的投入,但鉴于研究与开发支出不易识别、计算和估价,因此把其作为中间消耗处理,不计入GDP。近年来,研究与开发支出的计算方法获得了长足发展,研究与开发成果在现代经济发展中的资产属性也越来越明显,因此2008年SNA把研究与开发支出作为资本形成的一部分,计入GDP中。这种处理方法的变化,会使GDP增大。

第二,武器系统支出的资本化。1993年SNA认为,生产武器系统的主要目的是用于战斗,而在实际用于战斗时,它们是用于破坏而不是生产,因此武器系统支出不应视为资本形成,而应作为中间消耗处理,不计入GDP。2008年SNA则认为,武器系统在国防服务中被连续使用,它们的存在为人们提供了一个和平的环境,使人们从中受益,因此应被作为资产处理。相应的,武器系统支出应该作为资本形成的一部分,计入GDP。这种处理方法的变化会使GDP增大。

第三,将所有预期在生产中使用一年以上的数据库支出都作为资本形成处理。1993年SNA建议,企业预期在生产中使用一年以上的计算机软件及大型数据库支出作为固定资本形成处理。2008年SNA则建议将所有预期在生产中使用一年以上的储存数据的数据库,不管是不是大型数据库,都确认为固定资产,相应的支出作为资本形成处理。这种处理方法的变化,会使GDP增大。

3. 雇员报酬

2008年SNA有两个方面的变化会影响雇员报酬。

一是将雇员股票期权作为雇员报酬处理。1993年SNA没有提出雇员股票期权的处理意见。2008年SNA规定,将雇员股票期权记录为雇员报酬,作为实物工资和薪金的构成部分。将雇员股票期权记录为雇员报酬,会使雇员报酬增大。

二是2008年SNA在雇主社会缴款方面发生了较大幅度的变化,这一变化也会影响雇员报酬。雇主社会缴款是雇员报酬的重要组成部分,记录在雇主所属机构部门账户的使用方。雇主社会缴款分为实际缴款和虚拟缴款。对于这两类缴款,都应进一步细分为养老金缴款和非养老金缴款。实际缴款按实际发生的数额进行记录。对于虚拟缴款,则应根据不同情况分类处理。

对于养老金计划,存在社会保障养老金、定额缴款养老金、定额福利养老金三种形式。其中,对于社会保障计划,不需计算虚拟缴款。对于定额缴款养老金计划,一般也不需计算虚拟缴款。对于定额福利养老金计划,不管是否设立了专门基金,都需要计算虚拟缴款,其额度等于因当期就业导致的养老金权益增长加上养老金计划的管理成本,减去雇主和雇员所有的实际缴款。也就是说,实际缴款和虚拟缴款的加总,要等于养老金计划对雇员金融负债的增长和管理成本的加总。

对于非养老金计划,只需对未设立专门基金的非养老金计划计算虚拟缴款。在实践中,较为可取的办法是将核算期内对应的非养老金福利作为虚拟缴款的额度。

在1993年SNA中,对于所有的未备基金社会保险都计算虚拟缴款,并且都以相应的社会福利作为虚拟缴款的额度。

4. 生产税

2008年SNA将中央银行实施高于或低于市场水平的利率产生的收益或损失作为生产税或生产补贴处理。例如,中央银行可能会根据政策需要,为存款准备金设定一个较低的利率,此时可以认为商业银行被迫向中央银行付出了无直接回报的转移支付。2008年SNA将此收益记录为一种隐含的生产税。1993年SNA中没有定义此类生产税。相应地,中央银行设定的利率也可能会使商业银行得到隐含的补贴,2008年SNA将其作为生产补贴处理。

此外,2008年SNA还明确将出租车许可和博彩许可的收入纳入生产税,1993年SNA对此则没有明确定义。

5. 财产收入

如上所述,2008年SNA为财产收入引入了一个新的子类——其他投资收入,该子类包括属于投保人的投资收入、养老金权益的应付投资收入和属于投资基金股东集体的投资收入。其中属于投保人的投资收入和养老金权益的应付投资收入对应于1993年SNA财产收入中的属于投保人的财产收入。属于投资基金股东集体的投资收入在1993年SNA中没有考虑,将其纳入财产收入会使财产收入增大。

6. 固定资本形成总额

如上所述,研究与开发支出的资本化、武器系统支出的资本化、所有预期在生产中使用一年以上的数据库(不管是否为大型数据库)支出的资本化都会使固定资本形成总额增大。

(五)非核心账户的主要修订内容

1. 资本服务

2008年SNA新增了一章,对资本服务的概念和作用进行了介绍,其目的在于揭示如何在生产中使用的资产价值与相应的营业盈余之间建立联系。对资本服务的测算开展研究,有利于资本存量的测算,这是长期以来国民经济核算领域的一个难点问题。另外,资本服务与生产率测算是紧密关联的,编制资本服务补充表有利于生产率研究的深入开展。

2. 公司活动核算

2008年SNA新增了一章,讨论公司部门面临的一些特殊问题。这些问题包括公司的生命周期、公司部门的子部门划分、全球化背景下的公司部门等。另外,该章还介绍了近年来企业会计准则的发展和变化情况。

3. 一般政府和公共部门

2008年SNA新增了一章,对一般政府和公共部门的相关问题进行了讨论。该章的主要目的是介绍SNA与政府财政统计之间的关系,以及政府财政统计报表的基本编制方法。同时该章还介绍了税收抵免等一般政府和公共部门中的特殊核算问题。

4. 非营利机构部门

2008年SNA指出,在各机构部门中,含有非营利机构的部门不止一个,金融公司部门、非金融公司部门、一般政府部门和为住户服务的非营利机构部门中都含有非营利机构。2008年SNA建议将这些部门中含有的非营利机构都单列出来,形成独立的子部门,这样就可以把各部门的非营利机构子部门合并起来,形成一个整体的非营利机构部门。2008年SNA为此新设了一章,介绍了非营利机构的核算规则以及非营利机构卫星账户的编制方法。

5. 住户部门

SNA的核心账户将住户部门作为一个整体处理,可以得到关于这个整体的较为详细的信息。但对于住户部门内部的情况,比如不同住户子部门的收入结构及收入使用情况有何不同,核心账户能够提供的信息有限。2008年SNA为此新设了一章,介绍对住户部门划分子部门的方法,并且依次将住户视为生产者、消费者和收入者,讨论了住户部门内部的财产及收入流动情况。

6. 非正规经济

1993年SNA对非正规经济进行了简单讨论。在2008年SNA中,非正规经济成为独立的一章。2008年SNA介绍了非正规单位的主要特征,未观测经济的主要内容,以及国际劳工组织(ILO)给出的非正规部门和非正规就业概念。同时,2008年SNA还给出了获取非正规企业数据以及非正规就业数据的一些方法。

三、对中国国民经济核算体系修订的建议

(一) 基本概念的修订

1. 引入"经济所有权"概念

"经济所有权"是2008年SNA引入的一个非常重要的新概念。2008年SNA规定,在经济活动中,承担产品(或者资产)的经济风险并从而享有收益的机构单位就是产品(或者资产)的经济所有者。"经济所有权"的引入,将会改变一些交易在我国国民经济核算体系中的记录,从而对我国国民经济核算体系中的一些重要指标的核算产生影响。例如,土地承包经营权流转收入的属性将会随着经济所有权的引入而改变。为了推动土地集约化经营,我国2002年颁布的《农村土地承包法》明确规定通过家庭承包取得的土地承包经营权可以依法进行流转。目前,流转方式包括转包、出租、互换、转让、入股等。虽然我国宪法规定农村的土地,除由法律规定属于国家所有的以外,均属于集体所有,但是按照经济所有权的原则,通过家庭承包取得土地承包经营权的农民成为土地的经济所有者。享有土地承包经营权的农民将土地承包经营权流转给其他个人或单位使用所获得的收入形成了SNA所定义的地租,从而构成居民财产收入的一部分。目前,土地承包经营权流转现象比较普遍。据有关部门初步统计,截至2012年12月底,全国家庭承包经营耕地流转面积达到2.7亿亩,占家庭承包耕地(合同)总面积的21.5%,土地承包经营权流转收入成为农民收入的重要组成部分。因而,经济所有权概念的引入,将增加农村住户的财产收入,提高财产收入占居民收入的比重。

"经济所有权"的引入,还会改变我国国际贸易的记录方式,特别是加工

贸易和转口贸易。我国在编制2007年投入产出表时,已经按照2008年SNA推荐的方法,对来料加工装配贸易的进出口数据作了调整,即外国运送到我国加工,然后返回来料国的货物不再记录为我国的进出口,只将加工费记录为进行产品加工部门的出口值的一部分。但是目前除了投入产出表之外,还没有其他账户对此问题进行相应处理和调整,这将会影响到国民经济账户内部的协调性和一致性,因此在其他账户中也应按照同样的原则记录。对于转口贸易,目前我国还没有完善的基础数据,因此在核算体系中还没有对此进行处理,今后应该逐步研究建立相应的统计制度。

2. 按照SNA定义修订"生产者价格"概念,引入"基本价格"概念

2008年SNA使用两种价格来核算产出,分别是基本价格和生产者价格,相应的,增加值也分为按基本价格计算的增加值和按生产者价格计算的增加值。其中按基本价格计算的增加值等于按基本价格计算的产出减去按购买者价格计算的中间投入,按生产者价格计算的增加值等于按生产者价格计算的产出减去按购买者价格计算的中间投入。基本价格是生产者生产单位货物或服务向购买者收取的价值量,减去该单位货物或服务的应付产品税,再加上所获得的产品补贴,它不包括生产者在发票上单列的运输费用。生产者价格是生产者生产单位货物或服务向购买者收取的价值量,减去开给购买者的发票上单列的增值税或类似可扣除税,它也不包括生产者在发票上单列的运输费用。

2008年SNA倾向于按基本价格计算产出和增加值,因为产出的基本价格和中间投入的购买者价格代表了生产者实际收付的价格,便于统计和记录。而且基本价格不包含任何产品税,能更准确地反映各行业产出和增加值占整体经济的比重。2008年SNA同时指出,当基本价格无法获得时,也可按生产者价格计算。我国GDP核算采用的是生产者价格,但与2008年SNA中

的生产者价格存在区别：SNA中的生产者价格不包含生产者开给购买者的发票上单列的增值税（销项税），也不包含进口税；而我国的生产者价格中包含了应交增值税，其中应交增值税为销项税减去可以抵扣的进项税之后的差额，即为不可抵扣的发票单列增值税。此外，我国生产者价格还包括了进口税。也就是说，我国的生产者价格等于SNA中的生产者价格加上不可抵扣的增值税，再加上进口税。我国生产者价格和SNA生产者价格的区别可能会导致我国国民经济核算数据和其他国家数据不完全可比，特别是产业结构方面的数据不可比，因此我们应该按照SNA定义修订我国生产者价格。此外，由于2008年SNA建议按基本价格计算产出和增加值，许多发达国家也普遍采用基本价格，我国今后在核算中也应尝试引入基本价格。

3. 引入"实际最终消费"概念

2008年SNA和1993年SNA都有实际最终消费概念，并对最终消费支出和实际最终消费两种不同的消费概念进行了区分。其中，住户部门实际最终消费包括住户在消费性货物或服务上的支出价值、政府单位以实物社会转移形式向住户提供个人消费性货物或服务时承担的相应支出价值、为住户服务的非营利机构以实物社会转移形式向住户提供个人消费性货物或服务时承担的相应支出价值三部分之和，反映了住户获得的所有个人消费性货物和服务的价值。政府部门实际最终消费等于其最终消费支出减去以实物社会转移形式提供给住户的个人消费性货物或服务支出，反映了政府部门在公共服务上所承担的支出。

目前，我国国民经济核算体系中还没有引入实际最终消费概念。实际上，我国政府提供了广泛的实物社会转移，例如政府以实物转移的形式对住户提供了大量的教育、医疗服务，这些教育、医疗服务的真正享受者是接受教育、医疗服务的个人，因而它们属于居民实际最终消费。在国民经济核算体系中引入实际最终消费概念,有利于反映我国居民的真实消费水平和我国政府在改善民生方面的作用,有利于提高居民消费数据的国际可比性。因此,应该加强对我国政府职能分类的研究,区分政府在个人消费性货物或服务方面的支出与公共服务方面的支出,在此基础上计算出居民实际最终消费和政府实际最终消费。

4. 引入"知识产权产品"概念

如前所述,2008年SNA引入了知识产权产品概念,将知识产权产品作为一类重要的生产资产,并分为研究与开发,矿藏勘探与评估,计算机软件与数据库,娱乐、文学和艺术品原件,其他知识产权产品五个子类。我国现行国民经济核算体系还没有引入知识产权产品概念,在核算中只将矿藏勘探与评估支出、计算机软件支出作为固定资本形成计入GDP,还未将研究与开发支出,数据库支出,娱乐、文学和艺术品原件支出等知识产权产品支出计入GDP。随着科技的发展,知识产权产品在经济发展中的作用越来越大,美国、加拿大、澳大利亚、欧盟国家等主要发达国家已经或计划将研究与开发等知识产权产品支出作为固定资本形成计入GDP,这将增加这些国家的经济总量。我们也应按照2008年SNA的建议,引入知识产权产品概念,逐步完善知识产权产品统计,研究将知识产权产品支出计入GDP的具体方法并进行计算,认真评估计算结果的可靠性。

5. 引入"雇员股票期权"概念

如前所述,2008年SNA引入了雇员股票期权概念,建议将雇员股票期权作为雇员报酬的一部分进行处理,在金融账户中也记录雇员股票期权的交易。目前我国还没有建立起雇员股票期权的统计制度,因此在国民经济核算中也未考虑雇员股票期权。作为激励员工的重要方式,雇员股票期权制度正为我国越来越多的企业所接受和实施。今后,我国政府统计制度中应增加有关统计指标,在此基础上将雇员股票期权纳入国民经济核算体系。

(二) 基本分类的修订

1. 机构部门分类的修订

(1) 单独设置"为住户服务的非营利机构"部门。2008年SNA根据是否从事市场生产及是否受政府控制,将非营利机构划分到不同机构部门:从事市场生产的非营利机构归入公司部门,从事非市场生产且受政府控制的非营利机构归入一般政府部门,从事非市场生产且不受政府控制的非营利机构单独划分为"为住户服务的非营利机构"部门。非营利机构包括工会,专业或学术协会,消费者协会,政党,教会及社交文化、娱乐和体育俱乐部,以及公众、企业、政府单位、非常住单位等以现金或实物提供资助的慈善、救济和援助组织等。从我国的国情看,上述非营利机构以前多数为政府所辖的事业单位,因此,我国现行国民经济核算体系将其划入了政府部门,没有单独列出。但是,由于近年来我国民间非营利组织发展较快,出现了很多从事非市场生产但不隶属于政府机构的非营利组织,有必要将这类非营利机构从政府部门中单独划分出来,单独设置为住户服务的非营利机构部门。在对为住户服务的非营利机构部门进行核算时,可以利用经济普查年度社会团体调查数据以及民政部民间非营利组织统计数据等。对于从事市场生产的非营利机构和从事非市场生产且受政府控制的非营利机构,可仍延续原来的处理方法,将其分别归入企业部门或政府部门,不将其单列。

(2) 细化各机构部门的子部门分类。我国现行国民经济核算体系将机构部门划分为非金融企业部门、金融机构部门、政府部门、住户部门和国外部门等五个部门,其中在国内各机构部门中设置了二级分类,具体分类如下:非金融企业部门划分为工业企业和其他非金融企业两个子部门;金融机构部门划分为银行、证券、保险、其他金融机构四个子部门;政府部门划分为中央政府和地方政府两个子部门;住户部门划分为农村住户和城镇住户两个子部门。我国的机构部门分类相对较粗,与国际标准相比有较大的差距,不能反映某些重要的子部门的经济活动和彼此之间的经济联系。今后,我国应充分利用各种资料来源,细化各机构部门的子部门分类,并建立相应子机构部门账户的编制方法。

2. 交易分类的修订

(1)修订生产税和生产补贴分类。2008年SNA将生产和进口税分为产品税和其他生产税两类。其中,产品税是指对生产、销售、转移、出租或交付货物或服务而征收的税,或者对以自身消费或资本形成为目的使用货物或服务而征收的税,分为增值类税、进口税和进口关税(不包括增值类税)、出口税、产品税(不包括增值类税、进口、出口税)等类别;其他生产税指针对生产中所用的土地、建筑、其他资产等的所有权或使用权而征收的税,或是针对雇佣劳动力或支付雇员报酬而征收的税。相应的,生产和进口补贴也分为产品补贴和其他生产补贴两类,产品补贴又分为进口补贴、出口补贴、其他产品补贴。

我国国民经济核算体系中的生产和进口税包括生产单位缴纳的增值税(含国内增值税、进口货物增值税)、营业税、消费税(含国内消费税、进口消费品消费税)、城市维护建设税、房产税、印花税、城镇土地使用税、车船税、关税、排污费、教育费附加等。我国生产和进口税没有像SNA一样进一步设置细分类,而是将所有类别的生产和进口税合在一起核算,不能反映各机构部门与政府部门之间的增值税、进口税、出口税、其他产品税及其他生产税交易。同样,我国生产和进口补贴也没有设置细分类,无法反映政府部门给予其他机构部门的进口补贴、出口补贴、其他产品补贴及其他生产补贴。今后,应按照SNA的分类细化我国生产和进口税、生产和进口补贴分类。

（2）修订财产收入分类。2008年SNA将财产收入分为利息、公司已分配收入、外国直接投资的再收益、其他投资收入、地租等类别。其中,公司已分配收入分为红利、准公司收入提取,其他投资收入分为属于投保人的投资收入、养老金权益的应付投资收入和属于投资基金股东集体的投资收入。我国现行国民经济核算体系将财产收入分为利息、红利、地租、其他财产收入。其中,其他财产收入主要包括属于投保人的财产收入和财政收入中属于财产收入的部分,如石油特别收益金专项收入、行政事业收费中的财产收入等。我国财产收入分类和2008年SNA中财产收入的分类存在一定的差距,主要表现在:由于基础资料的限制,我国在公司已分配收入的核算中,只考虑了上市公司的红利,而没有考虑非上市公司的红利和准公司的收入提取;在其他投资收入核算中,只考虑了属于投保人的投资收入以及财政收入中属于财产收入的部分,而没有考虑养老金权益的应付投资收入和属于投资基金股东集体的投资收入。今后,应按照2008年SNA修订我国财产收入分类,积极拓宽基础资料收集渠道,充分利用相关行政记录和企业调查数据核算目前还没有包括的财产收入类别。

（3）修订经常转移分类。经常转移指一个机构单位向另一个机构单位提供货物、服务或资产但又不向后者索取任何货物、服务或资产作为与之直接对应的回报,并且交易的一方或双方无需获得或处置资产的交易。2008年SNA将经常转移分为所得税、财产税等经常税,净社会缴款,实物社会转移以外的社会福利及其他经常转移。其中,净社会缴款是通过分别记录雇主实际社会缴款、雇主虚拟社会缴款、住户实际社会缴款和住户追加社会缴款,将它们加总后再减去社会保险计划服务费得到的,在每一种社会缴款中都区分了养老金缴款和非养老金缴款;实物社会转移以外的社会福利分为现金形式的社会保障福利、其他社会保险福利、现金形式的社会救济福利,在每一种社会福利中都区分了养老金福利和非养老金福利;其他经常转移包括非寿险的净保费和索赔、不同政府单位间的经常转移、支付给为住户服务的非营利机构或从为住户服务的非营利机构获得的经常转移、常住住户和非常住住户之间的经常转移。

我国现行国民经济核算体系将经常转移分为收入税、社会保险缴款、社会保险福利、社会补助和其他经常转移,与2008年SNA的分类有一定差距。具体来说,我国社会保险缴款仅包含了雇主实际社会缴款和住户实际社会缴款,没有包含雇主虚拟社会缴款和住户追加社会缴款,而且在雇主实际社会缴款和住户社会实际缴款中只包含了向社会保障计划的缴款,没有包含向其他社会保险计划的缴款,也没有区分养老金社会缴款和非养老金社会缴款;社会福利包含了社会保障福利和社会救济福利,没有包含其他社会保险福利,而且也没有区分养老金福利和非养老金福利。今后,应逐步修订我国经常转移分类,在一级分类下设置细分类,并根据SNA的定义修订每个类别所包含的具体内容。

3. 资产分类的修订

(1) 修订非金融资产分类。2008年SNA仍将非金融资产分为生产非金融资产和非生产非金融资产,但在生产非金融资产中的固定资产和非生产非金融资产下不再区分有形资产和无形资产,并在一些具体分类方面也进行了修订;对非金融资产的边界也进行了扩展,主要包括将研究与开发、武器系统、无线电频谱等纳入非金融资产。目前,我国的资产负债表还处于试编阶段,试编的资产负债表中的非金融资产分类比较粗,与2008年SNA有较大差距。我国资产负债表将非金融资产分为固定资产、存货、其他非金融资产等三类,没有包括生产非金融资产中的贵重物品,并且在各类资产下没有按照SNA的分类做进一步细分;各类资产包括的范围也不全,例如,在固定资产中没有包含武器系统、研究与开发、数据库、娱乐、文学和艺术品原件等类别;在存货中没有包含军事存货;在其他非金融资产中包含了土地、森林、水、地下矿藏等自然资源及专利权、版权、商标权、商誉等,没有包含无线电频谱,合约、租约和许可等非生产非金融资产,并且也还未按照2008年SNA的要求将专利权实体等并入研究与开发中。今后,应该充分利用现有的基础资料,并努力挖掘新的基础资料,将目前我国核算中还没有包括的一些重要的非金融资产纳入核算范围,并逐步细化我国的非金融资产分类。

（2）修订金融资产分类。为了反映近年来金融市场上出现的各种创新,2008年SNA修订了金融资产分类,其中最主要的一个变化是引入了一个新的类别"金融衍生工具和雇员股票期权"。2008年SNA将金融资产分为货币黄金与特别提款权,通货与存款,债务性证券,贷款,股权和投资基金份额,保险、养老金和标准化担保计划,金融衍生工具和雇员股票期权,其他应收/应付款等类别,每一类下又分为若干小类。我国在编制资金流量表金融交易部分时将金融交易分为通货、存款、贷款、证券（包括债券和股票）、证券投资基金份额、证券公司客户保证金、未贴现的银行承兑汇票、保险准备金、金融机构往来、准备金、库存现金、中央银行贷款、其他国内金融资产、直接投资、其他对外债权债务、国际储备资产等类别。

我国金融资产分类和2008年SNA差距较大,主要表现在以下方面:一是由于基础资料的限制,我国有些金融交易尚没有统计,如金融衍生工具和雇员股票期权、非上市股票和某些应收应付项目等。二是我国金融资产一级分类和2008年SNA差别较大,部分一级分类过细,如证券公司客户保证金、未贴现的银行承兑汇票、金融机构往来、准备金、库存现金、中央银行贷款等项目在2008年SNA中应该归入相对应的一级分类中,而不是单独作为一级分类;通货、存款、证券、证券投资基金份额、保险准备金等一级分类和2008年

SNA 中的分类也不是完全一致。此外,我国试编的资产负债表中的金融资产分类也比较粗,仅分为通货、存款、贷款、证券、股票及股权、保险准备金、其他金融资产、直接投资等类别,与 SNA 有较大差距。为了反映金融市场的快速发展,今后应按照 2008 年 SNA 修订我国金融资产分类,同时要通过在统计制度中增加相应指标或充分查找相关资料,将目前我国金融资产中还没有包括的一些重要类别,如金融衍生工具和雇员股票期权纳入核算范围。

(三) 基本计算方法的修订

1. 修订中央银行产出的计算方法

2008 年 SNA 建议将中央银行的服务活动区分为市场服务和非市场服务,并分别计算其产出。其中,金融中介服务代表市场服务,货币政策服务代表非市场服务,金融监管服务等临界情形,应根据收费是否可充分弥补成本,来决定是按市场服务计算产出还是按非市场服务计算产出。市场服务产出的计算方法与其他从事市场服务的金融机构相同,非市场服务产出的计算采用成本法。此外,2008 年 SNA 还指出,有时出于货币政策的需要,中央银行将利率定得很高或很低。这种由于中央银行实施高于或低于市场水平的利率产生的收益或损失,不应包括在中央银行的市场服务产出中,而是应该记录为政府向中央银行服务使用者收取了生产税,并将此金额以经常转移的方式支付给了中央银行;或者政府向中央银行服务使用者提供了生产补贴,同时从中央银行获得了相应金额的经常转移。

我国现行国民经济核算体系并没有单独计算中央银行的产出,而是将其放在银行业中和其他银行业法人单位一起计算产出。中央银行所属的执行银行会计制度的法人单位产出计算方法与其他金融企业一样,分为间接计算的金融中介服务产出和直接收费的服务产出;中央银行所属的执行行政事业会计制度的法人单位产出则采用成本法。与 2008 年 SNA 的建议相比,我国现行方法区分了中央银行的市场产出和非市场产出,但其依据是会计制度类型,而不是服务的性质,而且也没有单独计算中央银行产出;间接计算的金融中介服务产出的计算采用参考利率法,但没有单独考虑中央银行出于货币政策需要将利率定得过高或过低的情形。今后,应采用2008年SNA的建议,按服务性质把中央银行的全部服务活动区分为市场服务和非市场服务部分,单独计算中央银行各部分的产出。此外,在计算市场服务产出时,应将因政策因素引起的收益波动从产出中剥离。采用这种建议在实际操作中可能有一定难度,因为对于中央银行利息收支的波动,难以判断其中多少是由政策引起的,从而也就难以判断应该将其中多少排除在产出之外。我国对此还需要进行深入研究。

2. 修订非寿险服务产出的计算方法

2008年SNA及相关手册修订了非寿险服务产出的计算方法,非寿险服务产出等于实收保费与调整后追加保费之和减去调整后已生索赔。2008年SNA用调整后追加保费和调整后已生索赔分别代替了1993年SNA中的追加保费和实际赔付。我国目前仍然采用1993年SNA推荐的方法计算非寿险服务产出,即等于已收保费加上投资收益,再减去赔付支出和提取未决赔款准备金。其中,已收保费对应于实收保费,投资收益对应于追加保费,赔付支出加提取未决赔款准备金对应于实际赔付。在发生巨灾或资本市场剧烈波动的年份,用这种方法计算的非寿险服务产出难以准确反映保险公司提供的服务,今后应根据相关基础资料,按2008年SNA推荐的"期望法"、"会计法"或"成本法"等方法计算非寿险服务总产出,以更准确地反映保险服务活动。

(四)基本统计指标的修订

1. 修订"总产出"指标

关于总产出指标的修订主要包括以下两个方面:一是按2008年SNA的

建议修订我国的"生产者价格"概念或引入"基本价格"概念,按 SNA 定义的生产者价格或基本价格计算总产出;二是对部分行业的产出计算方法进行修订,如前面所述的中央银行产出、非寿险服务产出等。

2. 修订"劳动者报酬"指标

我国劳动者报酬指标和 SNA 中雇员报酬相比存在一定的差异,主要表现在:第一,2008 年 SNA 将自营职业者的劳动报酬和收益统一作为混合收入处理,因此 2008 年 SNA 中的雇员报酬不包括自营职业者的劳动报酬。而我国现行国民经济核算中的劳动者报酬则包括所有劳动者的劳动报酬,即不仅包括所有在企业、事业和行政单位工作的劳动者的劳动报酬,还包括所有在个体经营户工作的劳动者的劳动报酬。因此,我国的劳动者报酬等于 SNA 中的雇员报酬加上混合收入中属于劳动回报的部分。对于这一区别,要在修订后的国民经济核算体系中进行说明。第二,2008 年 SNA 建议将雇员股票期权作为雇员报酬的一部分进行处理,而我国现行国民经济核算中的劳动者报酬未考虑雇员股票期权。今后我国应建立雇员股票期权统计,并将其纳入劳动者报酬。

3. 修订"生产税净额"指标

我国现行国民经济核算关于进口税的处理方法和 SNA 的处理方法不同。在 SNA 中,各产业部门增加值都不计算进口税,当增加值采用基本价格时,进口税(减进口补贴)作为产品税(减产品补贴)的一部分单独计入生产法和收入法 GDP;当增加值采用生产者价格时,进口税(减进口补贴)被作为一个单独的项目计入生产法和收入法 GDP。而在我国 GDP 的生产核算中,进口税被加到批发和零售业的增加值中了,这会导致批发和零售业生产税净额无法准确反映该行业的实际情况。我们应该对这种处理方法进行修订,将进口税作为一个单独的项目计入生产法和收入法 GDP。

另外,如前所述,我国生产和进口税、生产和进口补贴没有像 SNA 一样进一步设置细分类指标,今后应该逐步细化分类。

4. 修订"固定资本形成"指标

我国的固定资本形成总额仅分为住宅、非住宅建筑物、机器和设备、土地改良支出、矿藏勘探费、计算机软件、其他等七个主要类别。由于基础资料的限制,我国目前尚没有对研究与开发、数据库、娱乐、文学和艺术品原件等固定资本形成进行核算,这与 SNA 有较大差距。因此,应开发相关资料,逐步将这些未包括的支出纳入固定资本形成总额核算范围,并细化相应分类。

5. 修订"GDP"指标

部分行业产出指标的修订,劳动者报酬、生产税净额和固定资本形成等指标的修订,相应也会引起 GDP 指标的修订。要努力完成上述指标的修订,提高我国 GDP 数据的完整性和国际可比性。

6. 修订"财产收入"指标

我国财产收入指标的修订主要应包括以下两个方面:一是进一步查找有关数据资料,计算前面所阐述的我国现行财产收入指标中尚未包括的非上市公司的红利、准公司的收入提取、养老金权益的应付投资收入、属于投资基金股东集体的投资收入等内容;二是按照经济所有权的概念,将土地承包经营权流转收入记录为农村住户部门的财产收入,完善我国财产收入指标核算。

7. 修订"社会保险缴款"和"社会保险福利"指标

如前所述,我国社会保险缴款中仅包含向社会保障计划的缴款,没有包含向其他社会保险计划的缴款。相应地,社会保险福利中也没有包括其他社会保险福利。目前在我国,其他社会保险计划的一种主要形式是企业年金计划,它是指企业在政府强制实施的基本养老保险制度之外,根据自身经济实力自愿建立的旨在为本企业职工提供一定程度的退休收入保障的补充性养老金制度。企业年金计划一般由专门的金融机构代为管理,采用企业和职工共同缴费的方式。按照福利发放模式不同,又可分为定额缴款养老金计划和定额福利养老金计划。因此,应该利用相关资料,将企业年金缴款和福利分别纳入社会保险缴款和社会保险福利核算中。

此外,我国大部分行政单位采用离退休养老及公费医疗制度进行社会保障。按照2008年SNA的定义,我国的行政单位离退休养老制度应属于定额福利养老金计划的一种,公费医疗制度应属于其他社会保险非养老金计划的一种。目前,在我国的核算中,仅在劳动者报酬中包括了离退休金和公费医疗费用,在"社会保险缴款"和"社会保险福利"项目中没有按照SNA的建议予以考虑。今后,我们应该加强对离退休养老和公费医疗制度在我国国民经济核算体系中处理方法的研究。

8. 修订"资本转移"指标

资本转移是一个机构单位将其非金融资产或金融资产所有权无偿转让给另一个机构单位的交易。2008年SNA将资本转移分为资本税、投资性补助、其他资本转移三个部分。目前,在我国资金流量表中,资本转移包括投资性补助和其他资本转移两部分,但没有核算资本税。另外,其他资本转移的核算范围不全,仅对债权债务冲销等进行了核算,未对灾难过后特别巨大的保险赔付、巨额赠与、特大捐赠等进行核算。今后,我们应查找相关资料,对未包括的其他资本转移进行核算。

参 考 文 献

[1] 联合国等编,国家统计局国民经济核算司译:国民经济核算体系(1993)[M],北京,

中国统计出版社,1995。

[2] 国家统计局:中国国民经济核算体系(2002)[M],北京,中国统计出版社,2003。

[3] 国家统计局国民经济核算司:中国第二次经济普查年度国内生产总值核算方法[M],内部资料,2011。

[4] "SNA的修订与中国国民经济核算体系改革"研究小组:SNA的修订及对中国国民经济核算体系改革的启示[J],统计研究,2012(6)。

[5] "SNA的修订与中国国民经济核算体系改革"研究小组:SNA关于机构部门分类的修订与中国机构部门的调整研究[J],统计研究,2012(7)。

[6] "SNA的修订与中国国民经济核算体系改革"研究小组:按经济所有权原则记录国际贸易对国民账户的影响[J],统计研究,2012(9)。

[7] "SNA的修订与中国国民经济核算体系改革"研究小组:SNA的修订对GDP核算的影响研究[J],统计研究,2012(10)。

[8] "SNA的修订与中国国民经济核算体系改革"研究小组:SNA关于生产资产的修订及对中国国民经济核算的影响研究[J],统计研究,2012(12)。

[9] "SNA的修订与中国国民经济核算体系改革"研究小组:SNA关于政府发放许可收费的处理及中国税费核算的梳理[J],统计研究,2013(1)。

[10] "SNA的修订与中国国民经济核算体系改革"研究小组:SNA关于非寿险服务产出测算方法的修订与中国有关核算的改革研究[J],统计研究,2013(2)。

[11] "SNA的修订与中国国民经济核算体系改革"研究小组:SNA关于社会保险核算的处理及中国有关核算的改革研究[J],统计研究,2013(4)。

[12] "SNA的修订与中国国民经济核算体系改革"研究小组:SNA关于资本服务的测算及对国民账户的影响[J],统计研究,2013(5)。

[13] "SNA的修订与中国国民经济核算体系改革"研究小组:SNA关于雇员股票期权核算方法的研究及其对中国国民经济核算的影响[J],统计研究,2013(7)。

[14] "SNA的修订与中国国民经济核算体系改革"研究小组:SNA关于中央银行产出计算方法的修订与中国相应计算方法的改革研究[J],统计研究,2013(10)。

[15]"SNA 的修订与中国国民经济核算体系改革"研究小组:SNA 关于供给使用核算的修订与中国投入产出核算方法的改革研究[J],统计研究,2013(11)。

[16]联合国等编,国家统计局国民经济核算司、中国人民大学国民经济核算研究所译:国民账户体系(2008)[M],北京,中国统计出版社,2012。